今日から始める

生活防災

大災害から家族と住まいを守る
最新の危機管理術

和田隆昌

はじめに

皆さん、「最近地震がまたよく起きているよな」とか「豪雨被害ってすごく多いよね」と肌感覚で気づいておられると思いますが、もっと長いスパンで見ると日本列島は地震発生に対しては統計上の「大地震の多発期」に突入しており、加えて気候変動の関係から、年々豪雨被害が増える「大災害時代」に数十年前から突入しています。

私の被災地での初体験は、1986年に出版社に入りたての新人のときに社命にて行かされた伊豆大島の噴火直後の取材でした。今考えれば、まだ噴煙とガスが島に漂う中、よく規制されずに溶岩の流出現場まで入ることができたものだと不思議に思います。

会社から「悪いけどリスクがあるから保険はかけられない」と言われたのを今でも覚えています。現地に着くと島全体にまだ霧のように煙が立ち込めていて、さらに流れ出た溶岩流は完全に冷えきっておらず、ところどころ蒸気が噴出し、赤い溶岩の光が固まった岩の間から垣間見えていました。

その後、さらに大きな衝撃を受けたのは1995年の阪神・淡路大震災。発生2日後に連絡が来た知人の靴メーカーのあった長田区へ、手伝いのためバスを乗り継いで辿り着きました。あたかも爆撃を受けたような徹底的に壊された街並みを目の前に、「人間の営みはこんなにもたやすく破壊されてしまうのか」と絶望的な気持ちになったものです。

そこからかれこれ28年。現在に至るまでにさまざまな被災地を訪れました。2004年の新潟県中越地震では新潟の知人の民宿が被害に遭い、「何か自分にできることは」という想いが2006年の『大地震　死ぬ場所・生きる場所』（ゴマブックス）という著書の執筆へとつながりました。

そこから私は本格的に災害対策・危機管理の世界へ入ることになったのですが、その5年後の2011年に親類の家のある東北地方が東日本大震災で巨大地震と津波に襲われました。前述の著書の中で、東北のリアス式海岸への津波の再来を警告していたことを、後日、たまたまその本を読んでいた現地の読者の方から「避難の決断をするときに、とても役に立ちました」と感謝されたのは、本当に大きな救いになりました。

被災地を訪れると毎回、災害に対しての人間の力の無力さを感じさせられます。

例えば、いまだに地震の予知については残念ながら実用レベルに到達していません。「いつ・どこで・どのくらいの規模で」がわかれば、初めて多くの人が救われることになるでしょう。ただし地震は発生のタイミングこそ予知はできませんが、「この場所で大きな地震が発生したらこんな事態が起きる」ということは、過去の災害データからかなり正確に予測することが可能になっています。日本は世界の国々の中でも最もその知見を持っているため、世界一の建築技術と世界一厳しい建築基準法が運用されています。

近年の建築基準法の相次ぐ改正から、新しい家にさえ住んでいれば、津波被害を除いて、家屋の倒壊によって生命を失うという可能性は限りなく低くなっています。

まず「安全な家」を手に入れること。そして「安全な場所」に住むことが災害対策の基本中の基本です。自然災害は「住む場所」に大きく影響されます。人生を左右する「家選び」「場所選び」を間違えてはいけません。ただ予算面や家庭の都合で、改築や引っ越しなどができない人もいるでしょう。ならばせめて災害に対する知識を習得して、日常的に対策を取っておく「生活防災」を心がけてほしいという気持ちから、本書を執筆しました。

近年では日本全国で豪雨・台風の被害が多発しています。私も２０１２年の茨城の竜巻被害、２０１５年９月の関東・東北豪雨の際の鬼怒川の決壊、そして２０１８年の西日本豪雨や２０１９年の関東への台風直撃等、現地に赴くことも多くなってきました。

気象災害はもはや日常的に発生していて、国民の普段の生活に大きな影響を与えています。夏場の猛暑日の増加、豪雨・浸水被害の多発などはそれらを象徴するものと言えるでしょう。そこで日本列島に住む市民はすでに「防災知識」を何か特別なことととらえてはならない、日々の暮らしの「常識」として持っておかなければならない時代に入ったと認識すべきだと思います。

そこで考えたのが「生活に防災の知識や行動基準を取り入れる」という意味での「生活防災」という考え方なのです。

備蓄や防災用品の準備も必要なのですが、まずは自分が住む地域の地形や環境からくる災害リスクを正確に把握すること、優先すべき災害リスクをどのように解消するかを検討すること、地域での共存関係を構築するなど、地域生活に根差した備えが重要です。

幸いなことに豪雨などの気象災害は、今やかなり正確に事前把握が可能になってきています。情報を収集するツールやアプリに精通していれば被災者になるリスクをかなり低減できると言ってもいいでしょう。それも難しければ、まずは地域での助け合えるコミュニティを作ること。助けてくれる人を探すのではなく、自分が率先して助けたり、日常的に声をかけられる人を増やしたりすることをお勧めします。それが結果的に災害の発生時に大きな力になることを、私は数々の被災現場で見ています。

災害時には現実的に、遠くの家族よりも近所の他人のほうが頼りになります。

そんなコミュニケーション能力を持っている人であれば、この「大災害時代」を生き残ることができるでしょう。

２０２３年７月

災害危機管理アドバイザー　和田隆昌

【もくじ】

第3章　大規模地震発生時の行動と備え

第4章　風水害・土砂災害発生時の行動と備え……123

【コラム】火山噴火時の正しい行動……147

第1章

日本では自然災害を回避できない

東日本大震災はまだ終わっていない

２０１１年3月11日に発生した東日本大震災から12年の月日が経ちました。

日本国内観測史上最大であったマグニチュード9・0の大地震が岩手、宮城、福島を中心とする東北地方太平洋沿岸部を襲う大津波を引き起こし、多くの街が呑み込まれました。さらに地震による家屋倒壊や火災なども加わったことで、東北地方を中心に２万２３１８人の死者・行方不明者が発生しました（２０２３年3月現在。消防庁発表による）。

その津波が福島第一原子力発電所事故につながり、さらに多くの被災者を出し、震災から12年経った今（２０２３年）でも、多くの帰宅困難地域が存在することはご承知の通りです。

しかし、東日本大震災はまだ終わっていません。**「震災復興がいまだ終わっていない」**という意味にとどまらず、第２の東日本大震災、**「マグニチュード7〜８級の地震が同**

じ震源域で今後30年以内に起きる可能性が高い」という予測が出ているのです。特に青森県東方沖および岩手県沖北部と宮城県沖ではマグニチュード７～７・５程度の地震が起きる確率は90％程度とされています（地震調査委員会が２０１９年に発表）。

実際に２０２１年２月13日に福島県沖でマグニチュード７・３、最大震度６強の地震が発生しました。これは東日本大震災から10年後の余震と見られています。**本震が巨大地震であればあるほど、余震は長く続く**のです。

日本列島は、太平洋プレート、フィリピン海プレートの２枚の海のプレートと、北米プ

津波によって浸水した宮城県仙台市宮城野区沿岸。津波火災も発生

レート、ユーラシアプレートの陸のプレート、計4枚のプレートの境界に位置しています。

東日本大震災は、太平洋プレートが北米プレートの境界にあたる水深6000メートル以上の海溝で起きた**「海溝型地震」**でした。

太平洋プレートは、北米プレートに向かって年に約8～10センチのスピードで押し寄せ、海のプレートは陸のプレートよりも重いため、その下に沈み込んでいます。2つのプレートが接する面の摩擦で歪みが蓄積し、その歪みが限界に達すると地震が発生します。そして地震に伴って海水が押し上げられることで、東日本大震災のように津波が発生する場合があるのです。

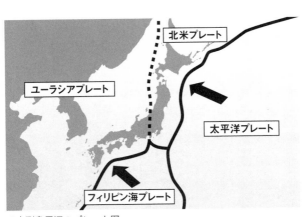

日本列島周辺のプレート図

海洋研究開発機構（JAMSTEC《ジャムステック》）が東北沖を調査したところ、地震を起こす可能性がある断層を33本発見しています。最大の断層の長さは332キロにも及び、マグニチュード8・0を上回る大地震、そして大津波が発生する可能性があるのです

海溝型地震の仕組み

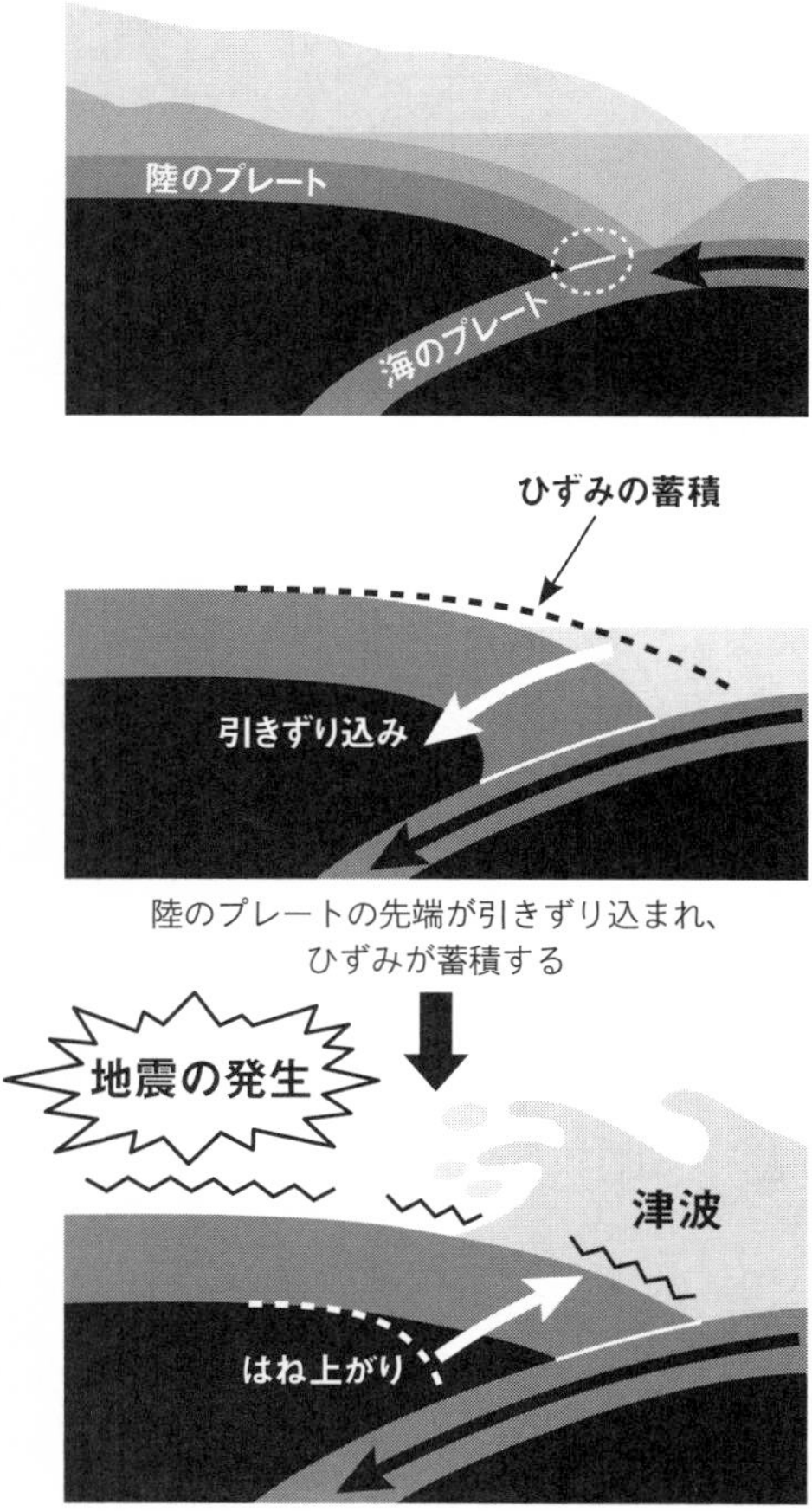

陸のプレートの先端が引きずり込まれ、
ひずみが蓄積する

ひずみが元に戻ろうとして地震が発生。
津波を伴う場合もある

関東大震災から１００年、首都直下型地震再び

１９２３年（大正12年）に発生した関東大震災から、今年（２０２３年）で１００年。発生日である9月1日は**「防災の日」**に定められ、**関東大震災は近代日本での災害対策の出発点**となりました。

この大地震の震源地は相模湾北西部でマグニチュードは7・9。死者・行方不明者は約10万５０００人、被害を受けた住家は37万棟にも及び、南関東から東海地域に及ぶ地域に広範な被害が発生し、近代化した首都圏を襲った唯一の巨大地震です。

被害を拡大したのは火災です。昼食時に地震が起きたため、かまどや七輪から同時多発的に火災が発生し、水道が断水したために当時の最新の消火装備も使えず、おりからの強風によって火災はたちまち延焼し、さらに避難者の家財などが延焼を促進することになったのです。

関東大震災当時の防火体制は、警察機関の一環とされており、消防組織は東京・横浜

以外の地域ではボランティア的な人々に担われていました。ちなみに消防が警察から独立した組織となるのは第二次世界大戦後のことです。

次なる首都直下型地震について、数多くのメディアで警鐘が鳴らされています。その発生確率について政府は**「マグニチュード７クラスが30年以内に70％」**という数値を発表しています。これは「30年間起こらないかもしれないし、明日起きるかもしれない」と考えておくのがいいと思います。

首都直下型地震は、「東京を震源として起きる地震」という意味ではなく、**「東京都、茨城県、千葉県、埼玉県、神奈川県、山梨県を含む南関東地域のどこかを震源として起こるマグニチュード７クラスの大規模な直下型（内陸で起こる）地震のこと」**（地震調査研究推進本部２０１４年）を指します。都心南部直下地震、多摩東部直下地震、都心東部直下地震、都心西部直下地震、多摩西部直下地震の５つがマグニチュード７クラスの首都直下型地震として想定されています。

２０２２年５月に東京都防災会議の地震部会が発表した「首都直下地震等による東京

の被害想定」によれば、都心南部直下地震が発生した場合、死者は最大約６１５０人、家屋の焼失や倒壊などによる建物被害が約19万５０００棟。

これは２０１２年以来、10年ぶりに見直されたもので、前回の被害想定より約３〜４割減っています。建物の耐震化が進んだことなどがその理由として挙げられます。

また、東京都防災会議では「防災・減災対策による被害軽減効果」も推計しています。現況の住宅の耐震化率92％を耐震化率１００％（１９８１年基準）にした場合、死者や全壊棟数を約６割減少でき、２０００年基準の耐震化率１００％になれば現況の約８割減少させることができます。

家具転倒防止対策では、現況の57・３％を75％に向上することで死者を約４割減少、１００％にすれば約８割減少できます。

また、出火防止対策では①電気を要因とする出火の低減を、現況の８・３％、②初期消火率の向上を現況の36・６％から、①を25％、②を60％にすることで死者数、焼失棟数を約７割、①を50％、②を90％にすることで、約９割減少させられるということです。

南海トラフ巨大地震は間違いなく起きる

南海トラフは、先に東日本大震災の項でご説明した日本列島が位置する陸のプレートの下に、海のプレートのフィリピン海プレートが南側から年間に数センチ程度で沈み込んでいる場所です。これによりひずみが蓄積されていることも前述の通りです。

政府の地震調査研究推進本部の解説によれば、過去1400年の間、南海トラフでは約100～150年の間隔で蓄積されたひずみを解放する大地震が発生しており、近年では昭和東南海地震（1944年）、昭和南海地震（1946年）がこれにあたります。

昭和東南海地震および昭和南海地震が起きてからすでに80年近くが経過しているため、南海トラフにおける次の大地震発生の可能性が高まってきているというわけです。南海トラフでの地震の平均発生間隔は88・3年で、**「30年以内に70～80％の発生確率」**と繰り返されている理由もここにあります。間違いなく南海トラフ巨大地震は起きるのです。

地震の大きさをわかりやすく言うと、マグニチュード7クラスを大地震、8クラスを巨大地震、9クラスを超巨大地震と呼びます。

南海トラフ巨大地震の規模は**マグニチュード8〜9クラス**と見込まれており、地震が発生すると、静岡県から宮崎県にかけての一部の地域で**震度7**となる可能性があり、隣接する周辺の広い地域では震度6前後の強い揺れが想定されています。さらに、関東地方から九州地方にかけての太平洋沿岸の広い地域に**10メートルを超える大津波**が襲来する可能性もあります。

実際に南海トラフで巨大地震が起きた場合の被害をまとめてみましょう。

犠牲者数は32万人以上、全壊・消失建物は

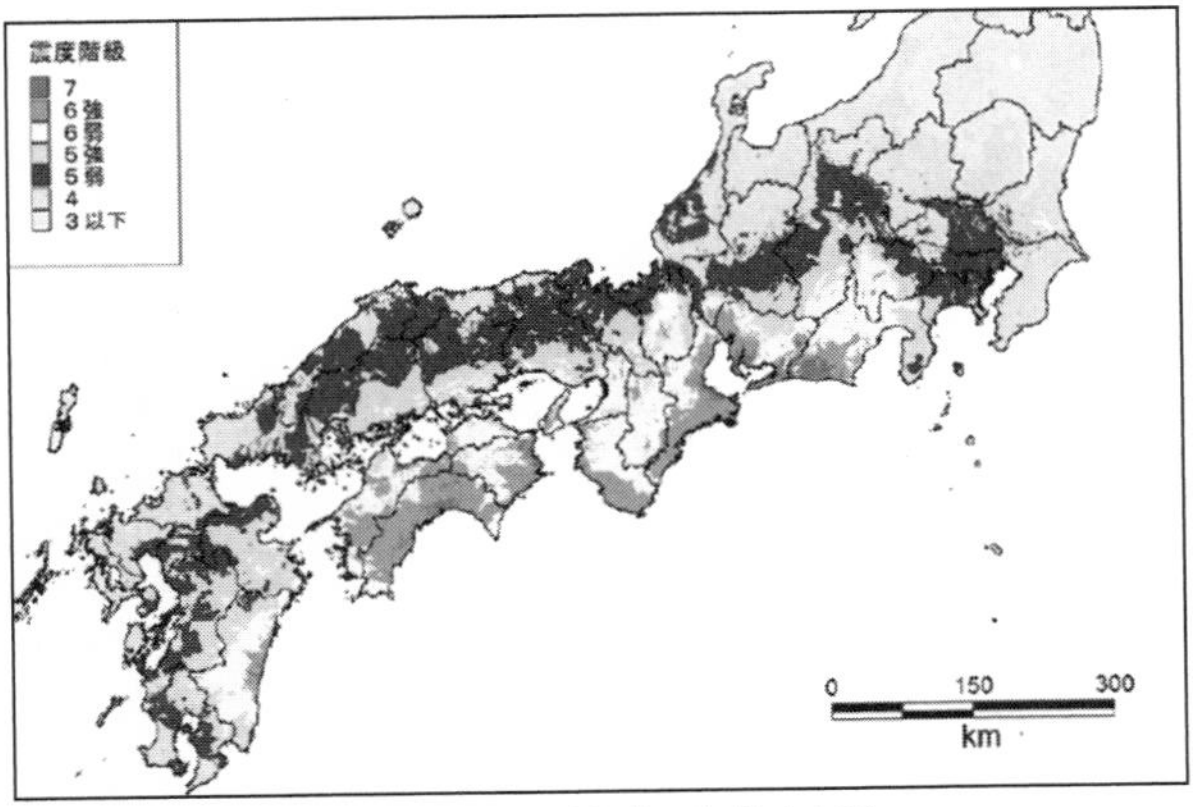

南海トラフ巨大地震の震度分布（出典：気象庁 HP）

２３８万棟、最大経済被害総額は約２２０兆円。これは国家の年間予算のほぼ倍にあたります。

被災直後では東海、近畿、山陽、四国、九州を中心に全国40都府県で最大約３５７０万人が断水します。そのほぼ9割が解消されるのには1カ月かかるとされています。

次に下水道です。全国で最大約３５００万人が利用困難になると見られております。

下水道が利用できなくなると、毎日の料理、お風呂、トイレなど日常生活に大きな支障をきたしてしまいます。こちらも9割方の回復が見込まれるのは、発災1カ月後です。

そして電力供給です。最大約３０００万軒が停電すると予想されています。電力供給の切り替え調整で数日間のうちに解消されますが、電柱の倒壊などに基づく停電は、復旧まで1～2週間かかると見込まれています（津波浸水による家屋全壊などは除く）。

さらに、災害の情報や家族の安否を確認するために欠かせないのが通信インフラですが、固定電話は最大約５８０万回線がストップします。携帯電話は被災直後、アクセスが集中するため大部分の通話が困難となるほか、基地局の非常用電源による電力供給が停止する24時間後に停波基地局率が最大となります。

インターネットへの接続も、固定電話回線の被災や基地局の停波の影響により利用できないエリアが発生します。固定電話の復旧には最大1カ月、携帯電話の基地局の停電による不通は数日間で解消できる見通しです。

交通施設を見てみましょう。道路施設被害は約3万～4万カ所で路面損傷や沈下などが発生、鉄道施設被害は約1万5000～2万カ所で発生すると想定されています。その他、港湾、空港などにも同様に、甚大な被害が及ぶ見込みです。

東日本大震災時の陸前富山駅の被害。出典：（一財）消防防災科学センター「災害写真データベース」

トルコ・シリア大地震と日本の共通点

今年（２０２３年）２月に起きたトルコ・シリア大地震は両国で５万６０００人以上の死者、２３００万人以上の被災者、倒壊建物約23万棟にも至る大災害になりました（２０２３年３月時点）。21世紀に入ってからは、２００５年のパキスタン地震に次いで、６番目に死者を出した自然災害でした。

震源付近はアナトリアプレート、アラビアプレート、アフリカプレートの３つのプレートが重なる地域で、有史以来、たびたび大地震が起きることで知られている地域です。複数のプレートの上に乗っている日本列島も、同様に警戒が必要です。

なぜなら**「地震は過去に起きた場所で必ずまた起きる」**からです。

トルコ・シリア大地震ほど大規模な地震が陸地に存在する断層で起きる例は数少ないのですが、２００８年に中国の四川省で発生した地震では、死者・行方不明者の合計が約９万人にのぼりました。人が多く生活する陸地を震源とする地震は、人的・物的被害も多く出てしまいます。

これが首都直下型地震を警戒しなければならない理由の1つです。

日本でも内陸を震源とする地震はありました。2016年4月14日に熊本でマグニチュード6・5の地震が発生、震度7を計測しました。余震が続く中、4月16日にマグニチュード7・3の地震が発生し、再び震度7を計測。**本震と思われていた最初の地震のあとに、それより大きな地震が発生**してしまったのです。日本で震度7の地震が同一地域で連続して起きるのは、震度7が設定された1949年以降、初めてのことだということです。

トルコ・シリア大地震のマグニチュードは推定7・8、震源の深さは17・9キロ。熊本地震と同様に、本震から約9時間後に推定マグニチュード7・5の余震が起きて、被害を拡大させました。

大きな地震が収まったあとでも、絶対に警戒を怠らないようにすることが重要です。

風水害、土砂災害は確実に増加し、激甚化する

近年、台風や線状降水帯による風水害が頻発し、激甚化しています。**台風のコースが昔とは変わっている**ことにお気づきの方も多いでしょう。また**台風の速度が遅くなっている**ことも台風被害を増大させています。

気象庁気象研究所の２０２１年の発表によれば、１９８０年〜99年の前半20年と２０００年〜19年の後半20年に分けて、移動速度を比較したそうです。

その結果、９月の台風は後半20年のほうが遅い傾向にあることが判明しました。東京付近に近づいた台風の平均速度は、時速約54キロから約35キロと約35％低下。千葉県を中心に停電などの大きな被害が出た２０１９年９月の**台風15号の速度は過去30年間の平均よりも約40％も遅かった**そうです。過去には**「関東には台風が来ない」**と言われていたのに、２０１９年は二度にわたって関東を台風が直撃しました。

その原因は、本州付近に到達した台風を東方向へ押し出して加速させる偏西風が弱

まっていることにあります。偏西風が弱くなっているのは、地球温暖化のために寒気が弱まり、9月になっても熱帯域が拡大されたままの状態が続いていることが理由です。

皆さんも、暑い夏がいつまで続くのだろう、秋がなくなり、いつの間にか冬がやってくるようになったと感じているのではないでしょうか。

いずれにせよ**台風が日本列島にとどまる期間が長引くと、被害が激甚化する**ことは間違いありません。そしてこの傾向は今後も加速し、残念ながら止める方法はないのです。

次に最近よく耳にするようになった**線状降水帯**についてご説明します。

線状降水帯とは、**連続して発生した積乱雲が線上に並んだ集合体が、幅20～50キロ、長さ50～300キロにもなるもの**です。

2015年の茨城県常総市の鬼怒川の堤防決壊、家屋流失や、2018年の西日本豪雨が広域かつ同時多発的な河川の氾濫を引き起こし、死者223人、家屋の全半壊等2万棟以上、家屋の浸水3万棟弱の甚大な被害を発生させました。

つい最近（2023年6月）でも大型の台風2号および梅雨前線の影響で、愛知県や静岡県で線状降水帯が発生し、東海道新幹線が全線で運転を見合わせ、名古屋や東京など大都市でも鉄道ダイヤが乱れ、帰宅困難になった人々や、冠水した駅や道路を徒歩や車で通らざるを得ないニュース映像をご覧になった方も多いでしょう。

このとき、6県にまたがる11回の線状降水帯が発生しました。これは観測史上最多のことであり、線状降水帯を含む集中豪雨は45年前と比較して、2・2倍になっているというデータもあります。

その原因も地球温暖化です。日本列島を取り巻く海面水温が上がり、水蒸気が上昇して線状降水帯の元となる積乱雲が発生しやすくなっているのです。

特に日本海の海面水温は100年前と比較して約1・8倍上がっています。線状降水帯は、以前は九州から西日本にかけての地域で多く発生していましたが、今後は東北や北海道も豪雨に見舞われる可能性があると気象庁気象研究所は警鐘を鳴らしています。

線状降水帯の名が一般に知られるようになったのは、2014年に広島県北部で発生した大規模な**土砂災害**からです。

土砂災害とは、大雨や地震、火山の噴火などを契機に、山やがけが崩れたり、崩れた土砂が雨水や川の水と混じって流れてきたりすることにより、すさまじい破壊力で、一瞬にして多くの人命や住宅などの財産を奪ってしまう恐ろしい自然災害です。

土砂災害は、**「土石流」「地すべり」「がけ崩れ」**の3つに大別できます。

土石流とは、大雨などの原因で山や谷で崩れた土や石、砂などと水が混じったものが一気に流れ出てくる現象です。速度も速いうえに、破壊力が大きいので甚大な被害をもたらします。

地すべりは、比較的ゆるい傾きの斜面が、雨や雪解け水がしみ込んだ地下水が原因で、広い範囲にわたりすべり落ちていく現象です。家屋や畑なども道連れに地面が大きなかたまりのまま動きます。普通の地すべりのスピードは、目に見えないほどゆっくりですが、一気に動くこともあります。また、何十年にもわたって少しずつ動く地すべりもあれば、地震などがきっかけで突然起きる地すべりもあります。

がけ崩れは、急斜面が突然崩れ落ちる現象です。雨水が、がけにたくさんしみ込んだことや、地震の振動が原因で起きたりします。突然、大量の土砂がくずれ落ちてくるため、がけ下に居住している人は逃げ遅れるケースが多いのです。

土石流

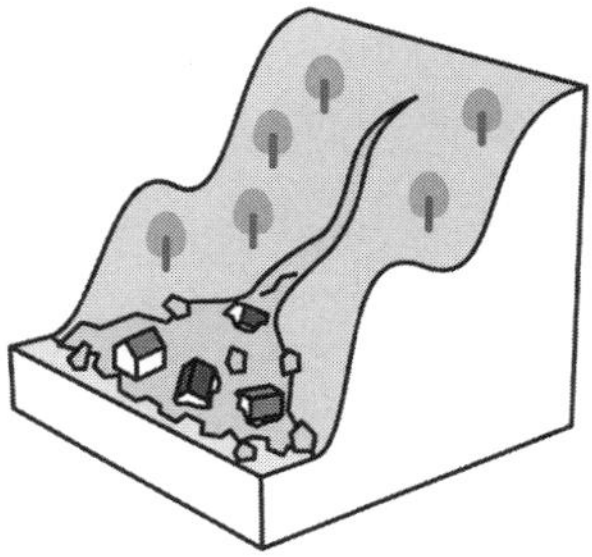

地すべり

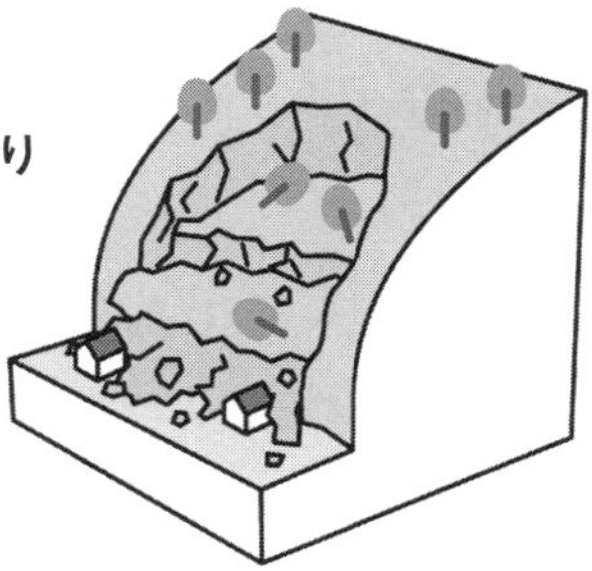

がけ崩れ

日本列島は傾斜が急峻な山が多く、台風や大雨、地震などが多く発生し、その地形的・気象的な条件によって、土砂災害が発生しやすい環境にあります。また、造成地や盛り土地は、地質・地形が不安定なので、大雨が降ると地盤がゆるみ崩れる危険があります。

人間には**「正常性バイアス」**といって、心のどこかで「自分だけは大丈夫」と思ってしまう傾向があり、そんな人が年々増えているようにも思います。

自然災害は深夜や早朝に起きるかもしれませんし、災害発生時に自分の周囲に家族や知人、消防や救急など頼れる人がいるとも限りません。あらゆる可能性を考えて災害に備える必要があるのです。

日常生活の中で、これまで以上に防災を意識して暮らす**「生活防災」**の詳細について、次章でお伝えします。

第2章

「生活防災」の心構え

「いざというときの備え」はほぼ役に立たない

ＮＴＴドコモが２０２０年６月に行なった「防災対策に対する意識調査」で、「防災対策はしていない」および「防災対策をどちらかというとしていない」と回答した人の割合は、65・３％にのぼりました。

とはいえ災害に備えて、防災グッズや食料・水の備蓄をしている方も多いことと思います。

しかし、**防災袋が押し入れの奥にしまい込まれていたり、非常用食料の賞味期限が切れていたりしてはいませんか？**「防災用品」として売られている専用の商品は割高なモノが多いのに、もったいないですよね。それに防災用品を買っただけで安心して、「私は災害に備えている」という気になってしまうことも否定できません。

災害はいつ襲ってくるかわかりません。そこが一番怖いところなのです。ですから、毎日歯を磨くように、顔を洗うように、常に頭の片隅で防災についての意識を保っておくことが大事です。

なにも戦時下の国の人たちのように、毎日怯えて暮らせというわけではありません。家の中の通路に避難時に障害となるモノが置かれていないか、ドアや窓はスムーズに開閉できるかなど、あたり前の住まいの点検をしておくことがいざというときの生死を分けるのです。それは**防災だけではなく、日々快適な生活を送ることにも直結しています。**

普段の生活の中で災害を意識し、有事に備える「生活防災」

コロナ禍の間に手洗いやうがいが習慣化して、沈静化したといわれる現在でも継続している方、個人の裁量に任されたけれども人込みや店舗ではマスクを着用する方が大勢いらっしゃいます。これは3年にも及んだコロナ禍で習慣化されたからに他なりません。

防災も同様に習慣化することが何より重要です。災害から大事な生命と財産を守れるか否かのすべては、個人の心構えにかかっているのです。

災害に見舞われたとき、「なぜ、こんな時間に！」「どうして私が住む地域に！」などと驚いたり、あわてていても始まりません。「いつ、何が起きてもおかしくない」という考え方をベースに持ち、日々の暮らしの中で防災を意識していただきたいと思います。

自動車の教習所や免許センターでは「だろう運転」「かもしれない運転」ということを、教えています。「だろう運転」とは、「この交差点を急に曲がっても大丈夫だろう」などという根拠のない予測に基づいた運転で、「かもしれない運転」とは「もしかしたら子どもが飛び出してくるかもしれない」など、あらゆる可能性を想定した安全な運転のことです。この「かもしれない運転」の意識をぜひ防災に関しても持っていただきたい。それが「生活防災」の基本です。

そして、「防災用品をわざわざ用意する」のではなく、いざというときのために**「普段使うものを防災に役立つかどうかという観点を入れて選ぶ」**というのが、「生活防災」のために重要な点です。

では具体的な「生活防災」の方法についてご説明していきましょう。

家庭で普段使うモノを防災グッズにする知恵

「生活防災」で何より重要なのは、先にお話ししましたが、「いざというときの備えの防災用品」ではなく**「日常的に使うモノを防災グッズにしておくこと」**です。その代表的な例をご紹介しましょう。

◎**新聞紙**　溜まるとかさばるので、つい処分してしまいがちな新聞紙。新聞紙はさまざまな用途に利用できます。燃料がないときの焚きつけに使うほか、加工してコップや食器、避難所で使うスリッパを作ることもできます。その方法はネット上で数多く紹介されています。

衣服の間に入れれば保温効果もあり、細長く丸めれば骨折時の副え木になるなど大活躍します。最近では新聞を

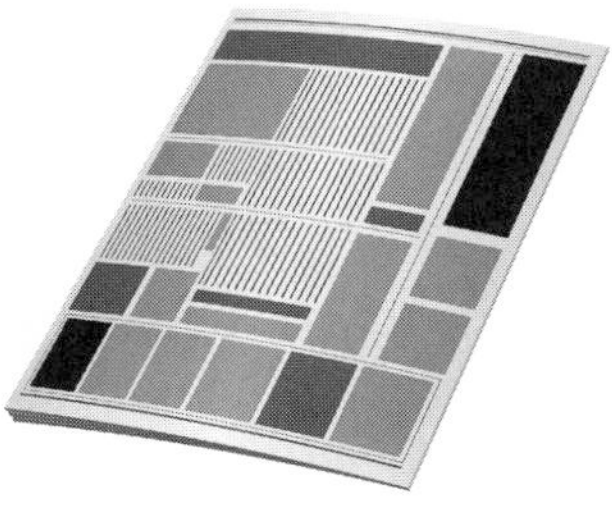

とっていないご家庭も増えてきていますので、チラシや雑誌などを一定量保管しておくのもお勧めです。

◎ダンボール　自宅で避難生活をしている場合に、割れたガラス窓の一時的な補修、家財の整理や持ち出しの際など、多くの用途に使えます。

また、災害発生時に自宅を離れ、避難所へ移動しなければならない場合にも、隣の家族との間のパーテーションとして使用したり、簡易ベッドを作ったりなど、ダンボールは非常に役立ちます。敷物として使えば断熱効果も高く、ある程度のクッション性もあるため、学校の体育館など避難所の硬い床でも体を休めることができます。

トイレが使用できないような状況では、ダンボール箱を座りやすいように加工して、ビニール袋をかぶせて簡易トイレを作ることもできます。

ダンボールや新聞紙などは余裕のあるときにすぐ持ち出せるよう、一定の量を玄関近くに保管しておくことをお勧めします。

◎ガムテープ　ガムテープはダンボールを活用するときの必需品です。壊れた家屋の一時的な修繕などにも利用できます。割れたガラスの破片を取るときにも活躍しますし、ケガをしたときの簡易的な止血や骨折時の副え木を固定するときにも使えます。

また、避難所で持ち物の名札や伝言用メモなどをいろいろな場所に貼りつけるのにも便利です。油性ペンで書きやすい布製のガムテープを用意しておくのがいいでしょう。そしてガムテープとペンは一緒に保管しておきましょう。

◎ラップ　ラップは新聞紙などで作った食器に巻けば、食後にそのまま捨てることもできるので、水の節約になります。ケガをしたときに患部に巻いたり、食料の保存、細くねじってひものようにしたりするなど、多くの用途で活用できます。

◎アルミホイル　アルミホイルはフライパンに敷いて調理してそのまま捨てれば、洗剤もいらず、片づけも簡単です。アルミホイル自体を加工して調理器具にすることもできます。丸めて、たわし代わりに調理器具の汚れ落としに使うこともできます

寒冷期の被災時に、断熱効果が高いアルミホイルを服の間に入れたり、二重にした靴下のつま先に入れたりして防寒することも可能です。

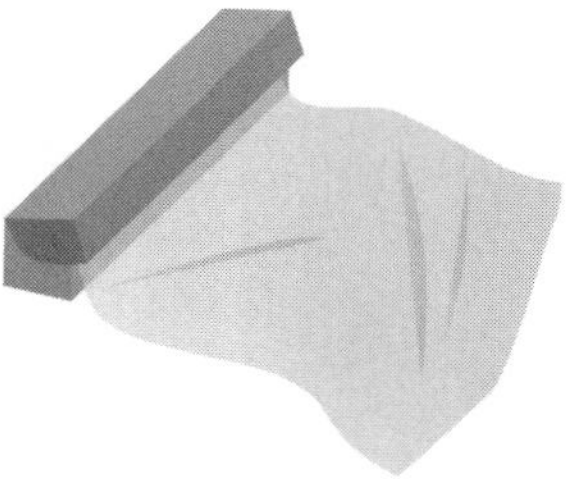

◎レジ袋　スーパーやコンビニでもらうレジ袋は２０２０年から有料化されましたが、少量でもストックしておきましょう。避難所で私物を分類・収納するだけではなく、腕をケガしたときに三角巾代わりにしたり、自宅のトイレが使えなくなったときに、取っ手の部分を便座のＵ字部分に引っかければ簡易トイレとして使用することができます。

◎カセットコンロ　鍋料理などに使うカセットコンロは、災害時に電気やガスのライフラインが止まったときに大活躍してくれます。カセットガスボンベ（ＣＢ缶）の保管期間は約７年とされていますので、毎年１、２本を消費するように心がけてカセットコンロを使い、新しいボンベを補充するようにしましょう。

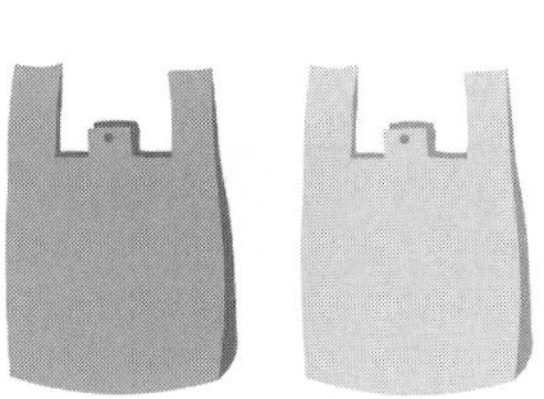

◎家族人数分のカトラリー　被災時でも食事は健康と体力を保つために欠かせません。キッチンが被害を受けたときに備えて、普段使っているお箸やスプーン、フォークなどの予備を家族の人数分セットにして、防災袋などに入れておきましょう。避難所などで必ず役立ちます。

◎衛生用品　旅行用の歯ブラシ、タオルなどと合わせてマスクや除菌用ウェットティッシュなどを防災袋にまとめておきましょう。コロナ禍が落ち着いても避難所の衛生状態は悪く、感染症はすぐに蔓延します。

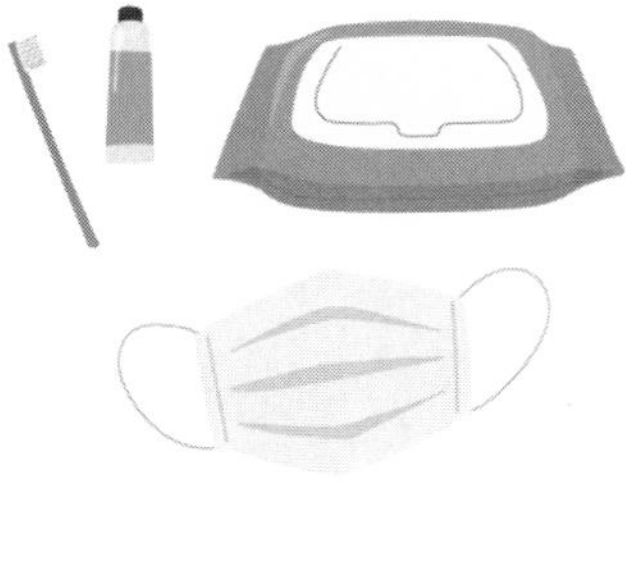

覚えておきたい3大備蓄＝①水 ②食料 ③電力

次に「生活防災」の**備蓄**についてお話ししましょう。これらも「いざというときのため」ではなく、毎日の生活で使うものです。

① 水

備蓄の優先順位の第一は**「水」**です。水道が止まると日常生活が営めなくなり、避難所へ移動せざるを得なくなるからです。

例えば非常用トイレなどは持っていないご家庭が大半でしょう。しかしマンションなどでは電気が止まると水道が止まります。そうするとトイレも思うように使えなくなるのです。

つまり「水」の準備が最優先なのです。

成人男性が1日あたり体内に取り入れている水の量はおよそ3リットル。一般的には

3日分の水の備蓄が必要といわれていますが、余裕を見て1週間分はあるといいでしょう。過去の災害例を検証しても、1週間も経てば配給物資がほぼ届き始めています。ということは、**家族1人あたり1日3リットル×1週間×人数分の水を備蓄**しておけば安心です。

ちなみに私は、2カ月分くらいの飲料水を備蓄しています。それ以外にも、食器洗いや洗濯のための水が必要なので、水道水を2リットルのペットボトルに入れ、10〜20本くらい用意して定期的に交換しています。

注意していただきたいのですが、よく言われる、「お風呂に水を溜めておく」ことはあまりお勧めできません。

風呂水というのは、非常に不衛生です。お風呂に誰かが一度入ったら体表面の細菌が流出して、お湯が大腸菌などでいっぱいになり、日を追うごとに数千倍に菌が増殖しま

す。被災時の過労やストレスで免疫力が落ちていると、そういう不衛生な水が目に少し付着しただけで簡単に結膜炎などになります。風呂水は、火を消したり、植木の水やり、トイレを流したりするぐらいにしか使えないのです。

マンションなどの集合住宅でトイレが流せなくなった場合に備えるには、風呂水を溜めておくよりも、普通の水道水をある程度の量、ポリタンクなどに用意しておくことをお勧めします。

② 食料

「ローリングストック」という備蓄の方法を最近よく耳にするようになりました。

普段食べている食材で、缶詰、レトルト食品、パスタなどの乾麺など、わりと保存の利くものをやや多めに購入し、賞味期限の古いものから消費していくやり方です。

賞味期限が長期にわたる**「非常食」**は、普段食べているものと比べると割高です。昔の非常食の定番だった「乾パン」などに比較すれば、種類も豊富になり、栄養価も高く、味も素晴らしいものが揃っています。

それでも、しまい込んだあげくに賞味期限を過ぎてしまい捨てるという悪循環に陥りがちなのです。

ローリングストックなら、「賞味期限5年」「賞味期限10年」といった特別な長期の保存食を購入する必要はありません。被災時には、手間がかからず簡単に栄養を補給でき、かつ満足感を得られるものを食べることが、二次的な健康被害を防ぐ意味でも重要です。

ちなみに、私は約1週間分の麺類や缶詰などの保存食料は常にストックしています。

一般的には3日分の水や食料を備蓄することが推奨されていますが、今後、大規模な災害が発生する可能性が高い日本に住む限りは、**家族全員が配給などを受けずに、1週間過ごせるよう計算して、水や食料を用意**しておくようにしましょう。

「1週間分、そんなに！」と思われるかもしれませんが、普通のご家庭では冷蔵庫の中に、だいたい3日分くらいの食料が入っているそうですから、それに4日分の水と食料を追加すれば大丈夫だということです。そうしておけば被災しても1週間、家族が飢えや渇きに苦しむことがなくなるのです。

では、どのような食料を備蓄しておけばいいでしょうか。私は**「パスタ」**をお勧めしています。賞味期限も約3年あり、パスタは誰でも簡単に調理ができ、時間もかかりません。

例えば、毎月15日と30日は「パスタの日」と決めて、食べた分だけその都度補充していけば、ローリングストックができます。これも立派な「生活防災」です。

そして、**災害時に１日３食を食べる人はあまりいません。**切羽詰まったときの人間は、お腹が空かないものです。2食ないし1食あれば十分です。ただし、免疫力の低下に備えて、梅干し、蜂蜜、保存性の高いコンパクトな個別包装の緑茶ティーバッグなども用意しておきたいところです。

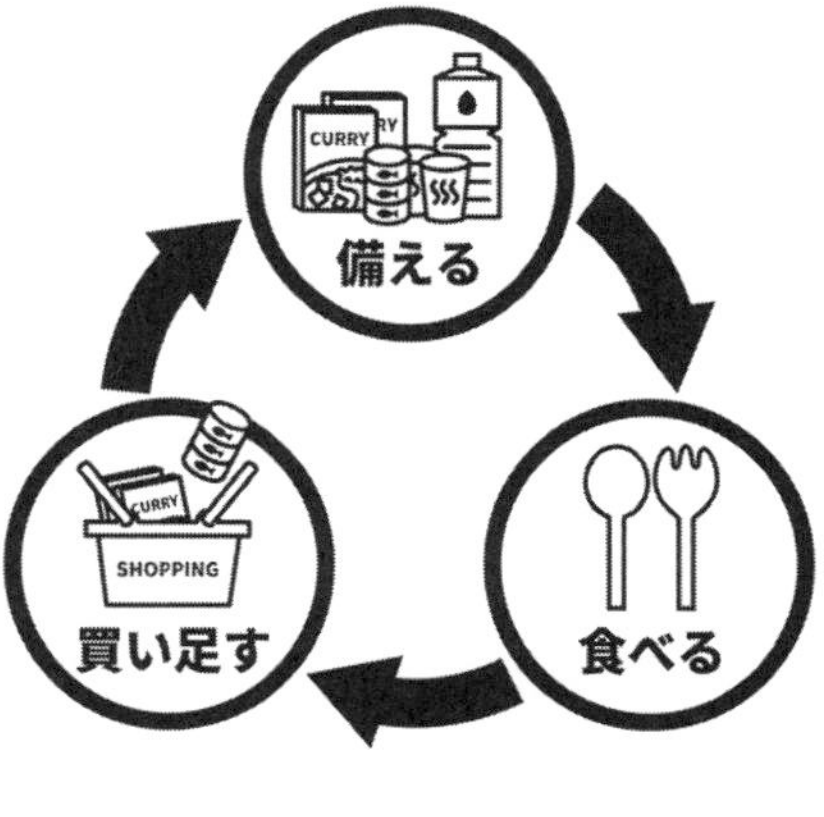

③ 電力

水、食料、の次に必須なのは**「電力」**です。あとで詳しく述べますが、**「スマートフォンは現代最強のサバイバルグッズ」**だからです。通信手段だけではなく、ライトや地図なども使えます。

総務省が令和3年版として発表した「通信利用動向調査」によると、現在では日本人世帯の約9割以上がスマホか携帯電話を保有し、スマホの世帯保有率は約8割超ということです。

災害発生時にスマホが使えないと、必要な情報を手に入れられなくなります。通信手段の有無は生死に直結する問題であり、それを担保するのは電力なのです。

近年、家庭用の大容量バッテリーや太陽光発電のソーラーバッテリーが各種販売されています。

複数のソーラーバッテリーを交互に充電すれば、ほぼ永久に電源を確保することができますし、2万ミリアンペア時を超える大容量のバッテリーは1週間ぐらい使用可能ですから、停電対策用としても大容量のバッテリーを1つは常備したいところです。

また、電気自動車（EV）や電動自転車のバッテリーから充電する手もあります。各種アダプターが必要な場合もありますので、調べて用意しておくといいでしょう。

蓄電池の導入に際しては、国や自治体から補助金の交付が受けられる場合があります。

2023年度では、国では「こどもエコすまい支援事業」として1戸あたり6万4000円。東京都であれば「太陽光発電・蓄電池助成金」として、1キロワットあたり最大19万円などがそれに該当します。

ただし、「こどもエコすまい支援事業」は子育て世代が中心など、いろいろな条件がありますので、詳細については国や自治体のホームページをご参照ください。

情報弱者の災害リスクは倍増する

「情報弱者」あるいは**「情弱」**という言葉を聞いたことがあるでしょうか。情報が足りないために思わぬ失敗をしたり、不必要な不安を覚えたり、極端な場合はお金を損したり、身体を害したりする人のことを指します。

普段ではスマホやパソコンなどの情報端末を活用できていない人という、ある種の陰口のようなものですが、大災害に見舞われた際には、誰でも情報弱者になり、最悪の場合、命を落とす可能性があるのです。

災害情報について、東洋大学社会学部教授の中村功先生は次のように説明しています。

「災害情報は大きく2種類に分けられます。1つは、『**ストック情報**』と呼ばれる、災害が起こる前から蓄積することが可能な事前情報です。もう1つは、災害発生時・発生後に〝今どうすべきか〟を伝える『**フロー情報**』です。前者はハザードマップや地域防災計画、災害教育が当てはまり、後者は実際に災害が起こってから発令される警報や注

意報、避難指示、危険度分布などが当てはまります」（東洋大学ＷＥＢマガジン　ＬＩＮＫ＠ＴＯＹＯより）

基本的な防災に関する知識を蓄えておくことはもちろんのこと、最新の情報を常に入手できる環境を作っておくことが何より大切です。情報弱者にならないための心がけには、以下のようなものがあります。

①情報にアクセスできる環境を整える

スマホのニュースサイトや新聞、テレビ、ラジオなどのニュースをこまめにチェックしましょう。そして気になる情報があれば、すぐに検索して調べる習慣をつけておくことも大事です。ただし、これらの情報は基本的に一方向的なものなので、得られる情報は限定的なものになります。

② 信頼できる人とのつながりを確保しておく

被災したときに家族の安否確認、被害の実情を把握するためにも、信頼できる友人・知人とのつながりを確保しておきましょう。災害時に通話が困難になることは、東日本大震災ほかで実体験された方も多いと思います。

通話回線がダウンしてもメールやＳＮＳは使えるケースが多いのです。音声通信は相手と安定した通信状態を維持する必要がありますが、メールやＳＮＳはパケット通信という電波状態が良好なときに小分けにデータを転送する仕組みなので、アクセスが殺到しているときでも比較的使えます。

高齢の方などであっても、最低限必要なスキルはスマホや携帯でメールができることです。スマホやパソコンなどの情報通信機器を使うのが苦手な方は、有事に備えて行政の支援を利用するのもいいと思います。

総務省では２０２１年度から、「デジタル活用支援推進事業」を開始しています。これは「デジタル活用支援員」である日本全国の講師が高齢者等に助言や相談を行い、受講者のデジタル活用に関する不安を解消する取り組みです。

講習会は携帯ショップなどを中心に開かれています。スマホの操作に自信のない方は、お住まいの自治体に確認し、講習会に参加してみるとよいでしょう。

③ 情報の信頼性を自分で判断する

災害時にＳＮＳやニュースサイトで流れてくる情報には、「デマ」もありますし、「古い情報」もあります。ですから、情報が信頼できるものかどうか正しく判断することが非常に重要になります。

特にネット上では新旧の情報が洪水のように溢れています。情報の信頼性を判断するためには、①**情報の発信時刻を確認すること**　②**信頼できるニュースソースからの情報であること**　③**複数の情報をあたって比較・確認すること**などが大切です。

これらは災害時だけではなく、あらゆる情報に対するリテラシーとして平時から身につけておきたいものです。

スマートフォンは現代最強のサバイバルグッズ

スマートフォンは、最強の防災ツールです。

有事に家族や友人の安否を確認したり、自分の被災状況を発信することはもちろんのことですが、

- **災害の情報を検索する。**
- **「緊急地震速報」「大雨警報」などを受信する。**
- **近くの避難場所を検索する。**
- **安全な帰宅ルートを確認する。**

など、さまざまな情報を集めることが可能です。パナソニックが2021年に実施した「防災意識調査」では約73・7%の方が災害時にスマホを活用したというデータもあ

ります（全国の20～69歳男女、計２０００人を対象）。

停電時には**懐中電灯代わり**にも使えます。

とはいえ、被災時にスマホを有効に活用するためには、事前設定が欠かせません。

いつ訪れるかわからない自然災害に備えて、緊急地震速報、津波警報、その他の防災情報のアプリをインストールして、プッシュ通知（アプリが自動的にお知らせを表示する機能）を必ずオンにしておきましょう。

現在のスマホでの通信方法は通話よりも、ＬＩＮＥ、ＦａｃｅｂｏｏｋやＴｗｉｔｔｅｒなどのＳＮＳが主流です。先にお伝えしたように通話よりもこれらＳＮＳのメッセージのほうが災害時にはつながりやすいからです。

東日本大震災のときに電話が不通になってもＴｗｉｔｔｅｒが活躍したニュースをご記憶の方も多いかと思います。ただし、ＳＮＳでは不確実な情報が流れてくる可能性も高いので、信頼のおける公的アカウントをあらかじめフォローしておくことをお勧めします。これも「生活防災」の一環となります。

災害に備えてフォローをお勧めする公的なＴｗｉｔｔｅｒアカウントには以下のようなものがあります。

・首相官邸（災害・危機管理情報）＝災害情報
・総務省消防庁＝災害情報
・防衛省・自衛隊＝災害活動情報
・気象庁＝防災気象情報
・ＮＨＫニュース＝災害情報

では次に、災害時に役立つ最新アプリをご紹介しましょう。

最新の防災アプリをいかに使いこなすか

防災アプリにもさまざまなものがあります。その中からお勧めのものをご紹介しましょう。自分の使い勝手やお住まいの環境によって、ふさわしいものを選んでください。

① 特務機関NERV《ネルフ》防災

「特務機関ＮＥＲＶ防災」は、気象業務支援センター（気象庁本庁舎および大阪管区気象台内）と接続した専用線からダイレクトに情報を受け取っているので、ほぼオンタイムで情報をキャッチできます。

さらに、スマホの位置情報や、発令された防災情報の種類、緊急度などに基づき、**「静かな通知」「通常の通知」「重大な通知」**と通知方法を送り分けてくれます。

緊急度に応じて、通知音やバイブレーションのあり／なしがあるのもうれしいところです。緊急地震速報や津波警報などの「重大な通知」では、スマホの設定にかかわらず鳴動し、危険が迫っていることを知らせます。

特務機関 NERV 防災

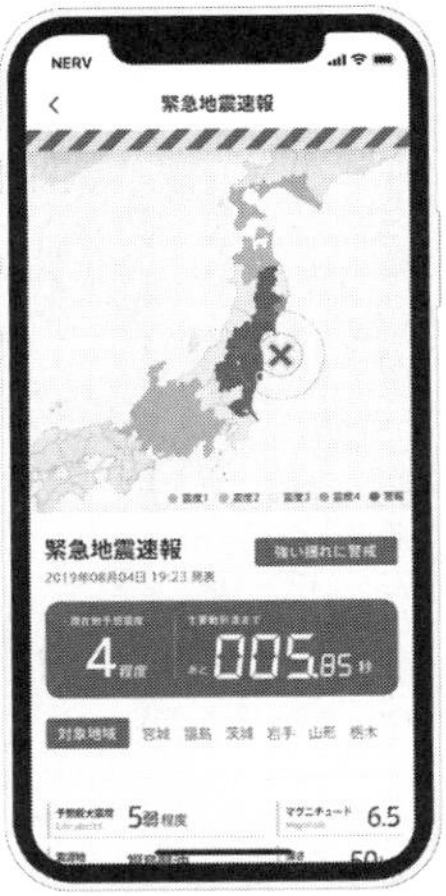

② キキクル

「キキクル」は気象庁が提供する、雨による災害発生の危険度を地図上に表示するアプリです。

・土砂キキクル＝大雨警報および土砂災害の危険度分布

・浸水キキクル＝大雨警報、浸水害の危険度分布

・洪水キキクル＝洪水警報の危険度分布

「危険度分布」とは、雨による災害の危険度を5段階で色分けして地図上にリアルタイム表示するもので、文字情報ではなく、視認性に優れた設計になっています。

また、地震・津波・噴火・特別警報の速報や、それらの危険度通知などの通知を受信することもできます。

土砂キキクル

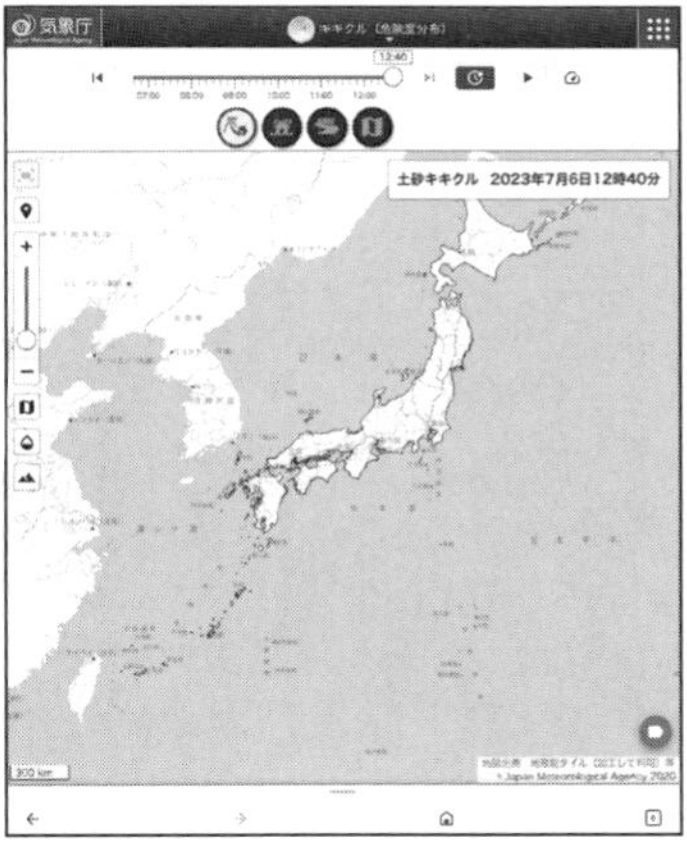

洪水キキクル

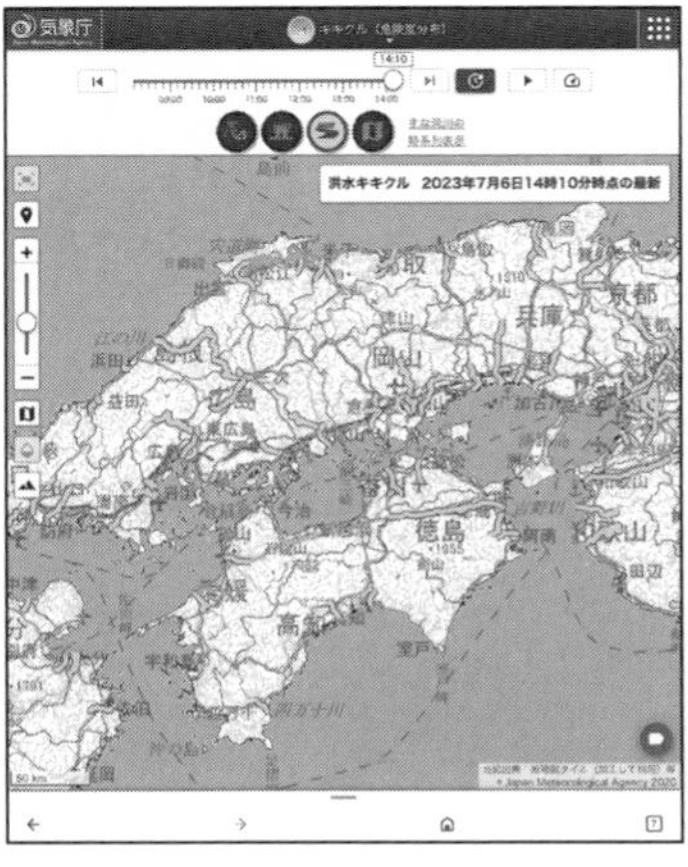

③ みたチョ

（一社）全国防災共助協会の「みたチョ」は、AR技術を駆使した避難所案内アプリで、スマホが災害時に最も近い避難所まで案内します。被災時に起動し、周囲をスマホのカメラで撮ることで、慣れない土地でも迷わず避難することができます。

災害時には電波が不通、あるいは不安定になることが多いのですが、**「みたチョ」はオフラインでも使えます**。また、約100万人が一斉にアクセスしても利用可能なサーバー環境を設定しています。

みたチョ

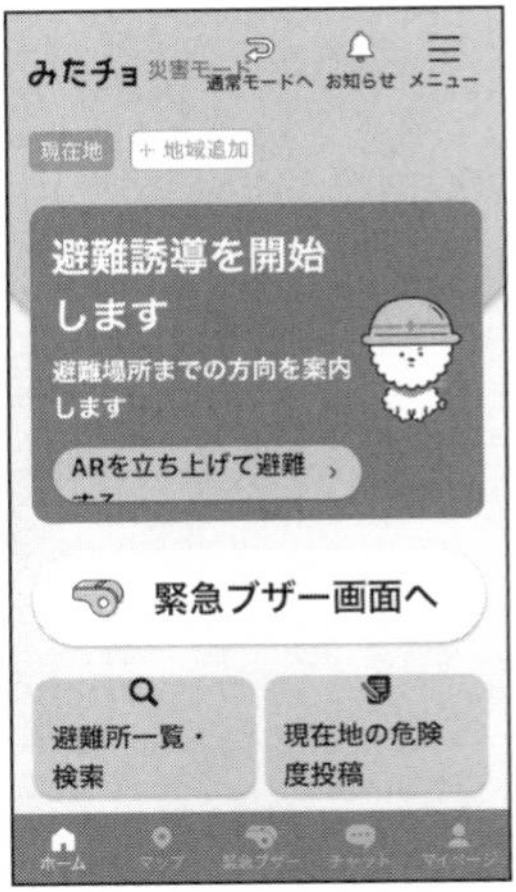

④ Yahoo！防災速報

「Yahoo！防災速報」は防災アプリの先駆けでありますが、信頼性も高く、多くのユーザーが利用しています。自宅や実家などを登録しておけば、外出しているときでも、家族の置かれている状況を通知してくれますし、GPSと連動しているので、自分がいる場所に災害の危機が迫ったら知らせてくれます。**ライフラインの供給情報**も地図上で確認することができます。

「震度4以上の地震を通知」「時間当たり50ミリ以上の雨が近づいてきたら通知」などのプッシュ通知を設定しておくことで、欲しい情報を選択することができます。

Yahoo！防災速報

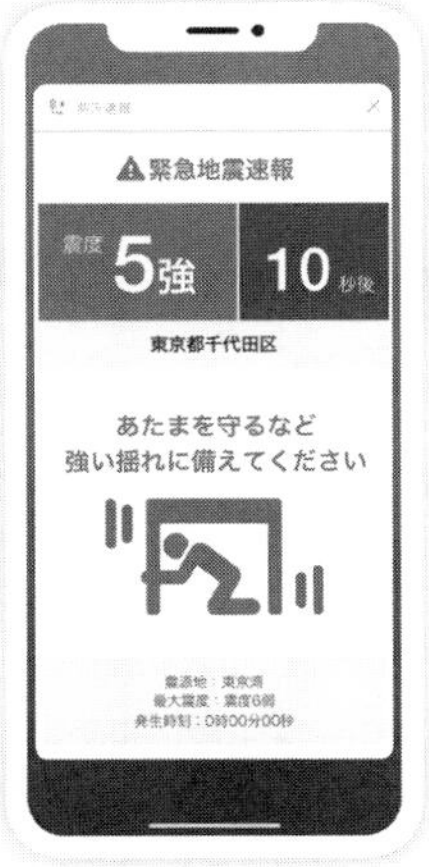

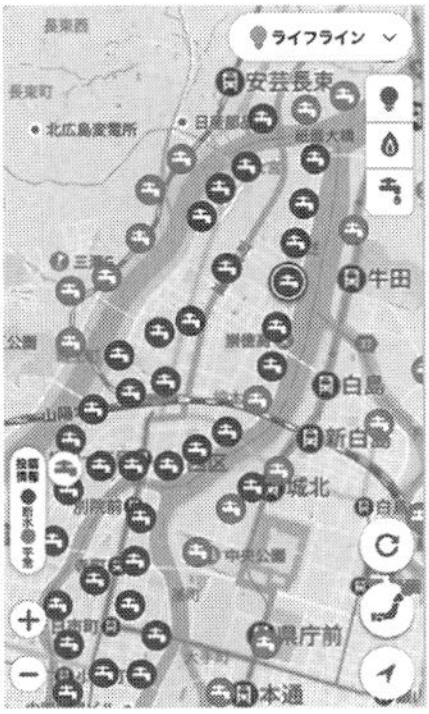

⑤ NHKニュース・防災

お勧めのTwitterでもNHKを紹介しましたが、アプリの「NHKニュース・防災」もあります。災害や気象情報を地図やライブカメラで確認でき、**登録した地点の避難情報**なども通知します。さまざまなニュースや速報、天気予報もチェックできますので、**普段使いにも便利**です。

NHK ニュース・防災

家の中に「安全地帯」を作る

これは特に地震に対する備えとなります。

まずは部屋の中に**「モノを置かないスペース」**を作りましょう。家具が倒れてこない、モノが落ちてこない場所を選びます。そして地震の揺れを感じたら、一目散にそのスペースに移動するのです。家族全員分の靴や防災用品も近くに置いておきます。小さいお子さんや高齢者のいるご家庭では、普段からゲーム感覚で練習しておくといいでしょう。

家の中の「安全地帯」は、出口から近いことも重要なので、**玄関を「安全地帯」にする**のもいい考えです。その場合は鏡や花びんなど割れやすいものは置かない、または飛散防止フィルムを貼るなどの対策をとってください。靴の中にガラスの破片などが入ってしまいケガをすると、避難に支障が出てしまいます。

トイレも「安全地帯」として推薦されています。壁や柱が多く、転倒する家具がなく、窓も小さいので割れてケガをする確率も低いからです。ただし、ドアが変形して開かなくなると閉じ込められる危険があるので、揺れを感じたらドアは開けておきましょう。
また、避難経路となるドアの周辺、廊下、階段などにはできるだけモノを置かない習慣を身につけておきましょう。

2階建て、3階建ての家にお住まいの方は、**寝室を上階にしておく**ことをお勧めします。1階のほうが避難はしやすいのですが、耐震性の弱い家屋の場合、倒壊で押し潰される危険性があるからです。

また寝室にはタンスなどの家具をできるだけ置かないようにしましょう。

睡眠時は非常に無防備な状態ですし、睡眠時間を8時間とすると1日の3分の1は寝室で過ごすことになります。地震はいつ襲ってくるかわかりません。**3分の1の確率で就寝時に地震が起きる**ことを前提に、対策をとっておきましょう。

「防災用品」が「防犯用品」に変わる

防災用品と防犯用品はいくつかの共通点があります。寝室などの防災フィルム・防犯フィルムは**「ガラスを割りにくく用心深い家」**となり犯罪者を遠ざけることになります。また自宅に**各種アラームや警報**などを用意しておけば、被災して動けなくなってしまったときや侵入盗などに遭ったときにも、ご近所に助けを呼ぶことができることも近年の凶悪犯罪に備えるために有効でしょう。これも「生活防災」の知恵の１つです。

災害時に最も侵入犯罪のターゲットになるのが**「避難時の長期の留守宅」**です。災害発生時に極力、避難所に移動しなくてもすむような備蓄や防災用品の準備をしておくことは、結果的に災害時の犯罪被害を遠ざけます。

大きな災害が発生したときはどうしても治安が悪くなり、犯罪件数は多くなります。特に**明かりは犯罪者の心理に大きく影響**しますので、蓄電池などで明かりを絶やさない家にしておけば、窃盗被害を受けにくい家にすることが可能になるでしょう。

どこに住み、何を準備しておくかが生死を分ける

自然災害に備える一番の基本は、**安全な地域の安全な家に住むこと**です。住居の購入や引っ越しの際には、候補となる地域のリスクを十分検討したうえで決めてください。

家や土地の購入、賃貸住宅への入居などの不動産取引における重要事項説明で、土砂災害や津波によるリスクを説明する義務は以前からありましたが、２０２０年に施行された改正法で、水害リスクの説明も義務化されています。

最近ではリモートワークが普及したことで、郊外や田舎に移住する方も増えてきましたが、不動産取引の重要事項説明はしっかりと聞くようにしてください。

また、都道府県の各自治体によって、災害リスクには大きな差があります。東京などの大都市は潤沢な予算を災害対策に充てられていますが、地方では、過去に起きた土砂災害などの復旧に予算を使わなければならず、いつまで経ってもいっこうに

災害の事前対策のほうまで手が回らないという話も聞きます。

次に詳しくご説明しますが、各自治体や国が提供している**「ハザードマップ」**はぜひチェックしておいてください。洪水、大雨、地震、津波、土砂災害などのリスクのある地域が地図で示されています。

またここまでご紹介してきた、「生活防災」グッズや必要な備蓄、防災アプリなどの準備や定期的な点検を心がけておきたいものです。一度準備したからＯＫではなく、いつ起きるかわからない災害に備えて、年に一度の９月１日だけではなく、**毎月「防災の日」**をご家庭で定めて、防災関連の見直しや補充をお勧めします。

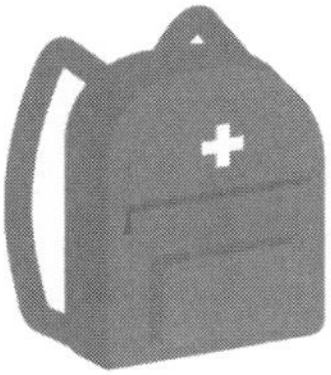

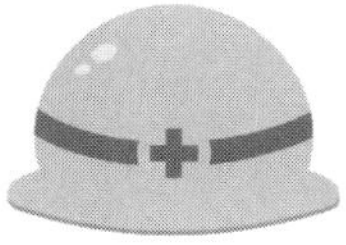

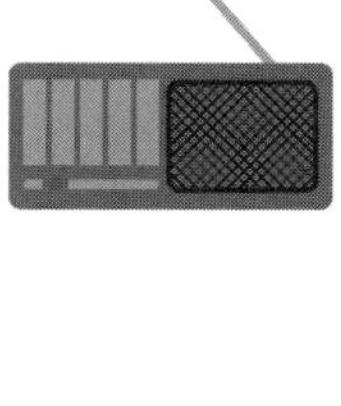

近隣の避難所やハザードマップを必ず確認

避難所と**避難場所**は異なるものです。

避難所は学校や公民館などで、災害により住居が倒壊・焼失し、被災した住民に宿泊、給食、医療などの救援を実施するための施設です。東京都では約３２００カ所の避難所と、高齢者、障がい者、妊産婦、乳幼児、病弱者など何らかの特別な配慮を必要とする者およびその家族を収容するための福祉避難所１５００カ所が確保されています。

避難場所には、公園や緑地、学校などのオープンスペースを使った**広域避難場所**と、近隣の避難者が一時的に集合して様子を見たり集団を形成するために、安全を確保するための**一時《いっとき》集合場所**があります。これも地域の公園や学校のグラウンドなどが指定されています。

住まいの近くの避難所・避難場所を自治体のＨＰなどで確認しておき、地図や情報をスマホにダウンロードしておきましょう。いざ災害が発生したら回線が混雑して、必要な情報にアクセスできなくなる可能性もあるからです。プリントアウトして非常用持ち出し袋に入れておくのもいいでしょう。

また、地図上だけではなく、必ず歩いて確認しておきましょう。避難所までの安全な経路も確認し、どの避難所・避難場所に行くかについて家族で共有しておいてください。

もう1つ絶対に確認しておきたいのが、住む地域のハザードマップです。

前述の通り、ハザードマップは以下のように災害別に作られています。

- **土砂災害**
- **河川洪水浸水**
- **津波による浸水**
- **高潮による浸水**

各自治体でも作成していますが、国土交通省の **「ハザードマップポータルサイト」** がお勧めです。

地震、洪水、崩壊、火山活動などの異なる災害リスクを地図に重ねて表示する**「重ねるハザードマップ」**や、住所を入力することで、自治体が作成した地域のハザードマップを閲覧できる**「わがまちハザードマップ」**などの機能があります。またNHKも独自にハザードマップを提供しています。

ハザードマップもスマホにダウンロードするかプリントアウトをして、土砂災害、水害が発生したときに、より安全なルートで避難できるように家族と情報を共有しておきましょう。

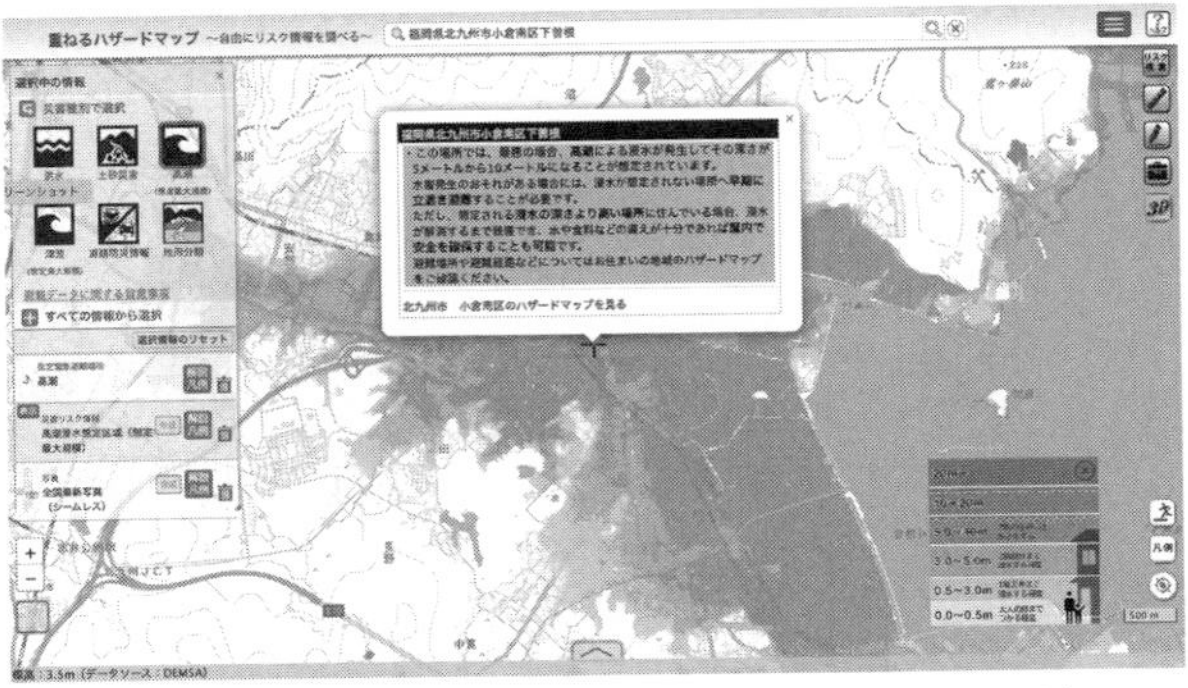

重ねるハザードマップ（出典：ハザードマップポータルサイト）

自宅地域でリスクが高い災害にコストをかける

内陸部に住む方は津波の心配はまずありませんし、逆に、海沿いの山やがけのない場所に住む方は土砂災害の恐れはほぼありません。富士山の噴火がささやかれていますが、火山災害で命の危険があるのは火口周辺だけです。そしてほかの地域の火山が一斉に噴火することはまずありません。

日本全国で起きる可能性がある災害よりも、**自分が住む地域で最もリスクの高い災害にコストをかけ、注意を払うべき**です。

災害が起きやすい地形や地盤というものがあります。例えば**擁壁**《ようへき》がある場所では土砂災害がたびたび発生します。**造成地**も危険です。

とはいえ、親から相続したため、災害リスクが高い土地に家を建てなければならないといったケースもあるでしょう。土地の改良には10坪あたり数百万円かかる場合もあります。その場合は耐震化補助金を申請することを検討するといいでしょう（第3章で説明します）。

一方でリスクが低い場所は**神社・仏閣の近く**です。古くから存在する神社・仏閣は津波や土砂災害に見舞われて倒壊しても、氏子や檀家が安全な場所に再建することを長い年月の間繰り返しているので、災害リスクが低いのです。

また、**小中学校、消防署、警察署の近くも比較的安全**です。これらの場所は災害時の避難所や救助活動の拠点になるので、災害に弱い立地は避けて建てられていることが多いからです。

神社やお寺の近くは災害リスクが低い

出先で地震に遭ったらどこに行くべき？

出先の路上で大きな地震が起きた場合に向かうべきは、まず**周囲に建物のない広い場所、公園や学校のグラウンド**などです。オフィス街などで広い場所がない場合は、ガラス壁ではない頑丈そうな建物に向かいましょう。窓ガラスが割れて落下してくると非常に危険です。ビルの外壁のタイルや看板などが落ちてくる可能性もあるので、**カバンなどで頭を保護**しながら速やかに避難しましょう。

もしエレベーターに乗っているときに大地震が起きたら、すぐに**すべての階のボタンを押し、止まった階から階段を使って外へ避難**しましょう。閉じ込められてしまったら、非常用呼び出しボタンやインターホンを使って外部に連絡してください。また、エスカレーターは急停止することがありますので、普段から手すりをつかみ急停止の反動に備えるように心がけておきましょう。

通勤や通学、旅行や出張などの移動中に災害が起きたときに備えて、普段からカバンなどに入れておきたい最低限のグッズには、以下のようなものがあります。

- **ホイッスル**
- **ミニタオル**
- **少量の水や食料（固形状のバー、アメなど）**
- **身元や緊急連絡先がわかるもの**
- **健康保険証と常備薬や疾患、処方薬がわかるメモ**
- **レジ袋かエコバッグ、または風呂敷**
- **ポケットティッシュ**
- **スマホや携帯を充電するモバイルバッテリー**

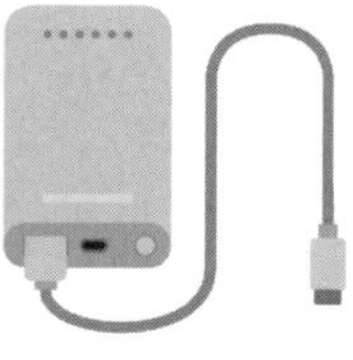

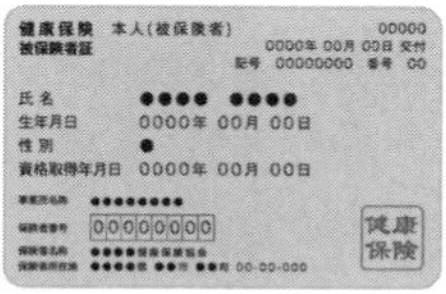

これらをポーチなどに入れて、違うカバンで外出するときもそのまま携帯できるようにしておくといいと思います。「生活防災」の心がけの1つです。

第3章

大規模地震発生時の行動と備え

日本付近で発生した主な地震被害

我が国で最も古い歴史書の『日本書記』に記載されている、現在の奈良県北部か大阪府南東部で416年に起きた地震が、文献として記録に残る最古の地震とされています。日本は世界面積のわずか0・25%という小さな国土面積ですが、**地震発生回数の割合は全世界の18・5%**と非常に高いのです。

では、近年起こった主な地震被害について見ていきましょう。

1995年1月17日　兵庫県南部地震（阪神・淡路大震災）

兵庫県南部を震源として発生した日本初の大都市直下型地震で、神戸や芦屋、西宮、宝塚へと続く地域では30%以上の家屋が倒壊、震度7（激震）と定義されました。これは気象庁の震度階級に最大震度7が導入されてから初めての記録でした。

震動の大きかった地域を中心に火災が断続的に多発、建物の倒壊や火災により多くの方々が犠牲となりました。発生当時、戦後最多となった死者は約６４００人にのぼり、負傷者も多数、避難者は32万人弱。被害総額は約10兆円に達しました。この経済被害は当時の国家予算のほぼ１割に相当します。

被災地では１年間で１３８万人のボランティアが活動し、被災者を支援する団体やＮＰＯが数多く生まれ、のちに阪神・淡路大震災の起きた１９９５年は、日本の「ボランティア元年」と呼ばれるようになりました。

２００４年10月23日　新潟県中越地震

新潟県中越地方を震源として発生したマグニチュード６・８、震源の深さ13キロの直下型地震。

神戸市中央区生田新道で道路をふさぐように建物が倒壊

当時観測史上2回目の最大震度7を記録し、強い揺れに見舞われた小千谷市、十日町市、長岡市、見附市を中心に甚大な被害をもたらしました。

　この年には過去最多となる台風が10個上陸という多雨により、地盤がゆるんでいたところに大地震の発生で、土砂災害の被害が拡大し、集落を孤立させたほか、救援物資の搬入やライフライン復旧の大きな障害となりました。

　死者は68人ですが、家屋の倒壊などで亡くなった方は16人で、地震後2カ月間で計877回の余震を記録しており、怯え続けてストレスで亡くなる高齢者や車内の寝泊まりなどによるエコノミークラス症候群で亡くなった方が52人もいました。

小千谷市の国道117号にかかる山辺橋。50センチの段差ができ不通に

２０１１年３月11日　東北地方太平洋沖地震（東日本大震災）

三陸沖を震源とする国内の観測史上最大規模の超巨大地震であり、地震の規模はマグニチュード９・０。宮城県北部で最大震度７、その近県３県で震度６強を観測したほか、東北から関東にかけての東日本地域に大きな被害をもたらしました。全国の広い範囲で揺れを観測し、震度５強の首都圏でも交通機関がストップし、大量の帰宅困難者が出ました。

岩手、宮城、福島を中心とした太平洋沿岸部を巨大津波が襲い、全国津波合同調査グループによれば、遡上高（陸地の斜面を駆け上がった津波の高さ）は40・５メートルと国内観測史上最大を記

東日本大震災の巨大津波で倒壊した建物

録。また、仙台平野などでは海岸線から約5キロ内陸まで浸水したことが確認されています。

さらに地震による家屋倒壊や火災なども加わったことで、東北地方を中心に2万2318人の死者・行方不明者が発生したことは第1章で触れた通りです。

この巨大地震から約1時間後、遡上高約15メートルの津波に襲われた東京電力福島第一原子力発電所は、原子炉を緊急自動停止させましたが津波により全電源を喪失。原子炉の炉心冷却機能が停止し、メルトダウン（炉心溶融）が発生しました。その後、水素爆発と火災が確認されたほか、放射性物質が外部へと放出され、半径20キロ圏内が「警戒区域」として立ち入り禁止となりました。現在も廃炉作業は続いており、2041年～2051年頃までに完了する見込みだということです。

2016年4月14日　熊本地震

熊本県熊本地方を震源とするマグニチュード6・5の巨大地震で、前震と本震が発生し、観測史上初めて同一地域で28時間のうちに二度の震度7を記録しました。従来は最初に発生した大きな地震を「本震」、その後に起きる地震を「余震」と呼んでいましたが、熊本地震では本震と思われていた最初の地震のあとに、さらに大きな地震が発生したのです。この地震がきっかけとなり、政府の地震調査研究推進本部は「余震」という言い方をやめました。熊本地震は日本の地震防災に大きな影響を与えたのです。

熊本城では天守閣の瓦が落下し、石垣や国の重要文化財に指定されている長塀や櫓が倒壊、南阿蘇村では阿蘇大橋が崩落するなど、甚大な被害が発生しました。死者は関連死を含めて273人、負傷者は約3000人以上、地震後には約18万人を超える人々が避難を余儀なくされました。

住宅の全壊が約8600棟、半壊や一部破損な

熊本地震で崩れた家屋。熊本県益城町

どの住家被害を含めるとは約19万棟にのぼり、最大約45万戸の断水、約48万戸の停電、約11万戸のガス供給停止などライフラインにも深刻な被害が出ました。

また発災から1カ月以上経っても地震が収まらないという過去に前例のない状況が続いたため、車中泊で避難生活を送る被災者も多くいましたが、地震発生後から7カ月後の11月に最後の避難所が閉鎖され、熊本地震の避難者はようやくゼロとなりました。

２０１８年９月６日　北海道胆振《いぶり》東部地震

北海道の胆振地方中東部を震源として発生したマグニチュード6・7の地震で、北海道では初となる震度7を観測した厚真町では大規模に土砂が崩れ、民家を直撃しました。地震の発生が深夜だったことも相まって多数の死者と重軽傷者が発生してしまいました。住家の被害は全壊491棟、半壊1191棟、一部損壊などは4万7108棟にも及び、6万8249戸で約4日間断水しました。

また、厚真町には北海道最大、道内の電力の約半分を供給している北海道電力苫東厚真火力発電所がありますが、この地震の影響で緊急停止し、火災も発生したため、電力の需給バランスが崩れ、ほかの発電所も連鎖的に停止し、道内のほぼ全域にあたる約２９５万戸が停電するブラックアウトが発生しました。各放送局にも影響が及び、回線の断絶や送電設備の故障などで情報を得られない事態も誘発、道民の生活や経済活動に困難が生じました。

日本の地震は揺れが非常に強く、短周期の揺れが多い傾向があります。これが、地震による直接的な破壊を引き起こす原因となっています。

しかし、地震の揺れの強さや短周期の特徴は、まだ完全に予測することは困難です。地震による直接的な破壊を最小限に抑えるためには、防災対策や適切な建築基準を守ることが重要なのです。

厚真町の土砂災害現場を故安倍総理が視察（出典：首相官邸 HP）

今後大地震が予想される南海トラフほかの危険地域

日本には約２０００の活断層があるといわれていて、巨大地震はいつどこで発生してもおかしくありません。阪神・淡路大震災を機に設立された国の機関、地震調査研究推進本部では、その活断層のうち１１４断層帯を選定し、基盤的な調査を行なっています。

　大地震が予想される日本の主な危険地域は、南海トラフ以外にもいくつかあります。

我が国の主な活断層

━ 活断層

「主要活断層帯の概略位置図」（地震調査研究推進本部）をもとに内閣府が作成（出典：内閣府 HP）

南海トラフ地震

南海トラフは、太平洋プレートとフィリピン海プレート、および南西日本アーチプレートの間で発生する地震活動が激しい領域です。

第1章で触れた通り、南海トラフ巨大地震の規模は**マグニチュード8〜9クラス**と見込まれています。地震が発生すると、静岡県から宮崎県にかけての一部の地域で**震度7**となる可能性があり、隣接する周辺の広い地域では震度6前後の強い揺れが想定されています。さらに、関東地方から九州地方にかけての太平洋沿岸の広い地域に**10メートルを超える大津波**が襲来する恐れもあります。

こうした中、地震や津波などによる直接被害だけでなく、生活環境の悪化や医療体制の崩壊など間接的な被害も含むと、犠牲者数は約32万人にのぼり、経済被害総額は約220兆円を超えるという予測が出ていることは第1章でお伝えした通りです。

東南海地震

東南海地震は、南海トラフの東側で発生する地震です。震源は紀淡海峡や鳴門海峡の近くに位置し、近畿地方や四国地方を中心に大きな被害をもたらす可能性があります。

南西諸島近海地震

南西諸島近海地震は、南海トラフの西側で発生する地震です。主に九州地方や沖縄地方に影響を与える可能性があります。

北海道地震

北海道は太平洋プレートとオホーツクプレートの衝突帯に位置しており、地震活動が活発です。特に南部の太平洋沖や石狩湾沖などが地震の震源地となることがあります。

東北地震

東北地方は日本国内で最も地震が発生しやすい地域の1つです。特に、宮城県沖を震源とする東北地方太平洋沖地震（東日本大震災）のような巨大地震のリスクが高いとされています。

関東地震

首都圏を含む関東地方も地震のリスクが高い地域です。東京湾を震源とする地震や、関東平野地震などの起こる可能性があります。

近畿地震

大阪府や兵庫県を含む近畿地方も地震のリスクが高い地域です。南海トラフ地震の影響を受けやすく、大阪府北部地震などの大規模な地震が過去に発生しています。

これらは日本で最も注目されている危険地域の一部で、地震活動が予想される地域はほかにもあります。地震は予測が難しい自然現象であり、いつ、どこで発生するか正確に予知することはできません。地震リスクについて最新の情報を入手するためには、地震情報を提供している専門機関や地方自治体のウェブサイトをこまめに確認しましょう。

地震による一次災害と二次災害

地震は、一次災害と二次災害を引き起こします。

一次災害とは、地震そのものが直接引き起こす災害のことです。

地震の揺れによって、建物や構造物が倒壊したり、地盤の動揺や地殻の変動によって地すべりや土砂崩れ、地盤沈下が発生することで住宅地や道路が埋まったり、人々が負傷したり命を失ったりすることを指します。また、地震が海底で発生した場合、津波が海岸地域に大きな被害をもたらし、低地や沿岸部が浸水や破壊を受ける可能性もあります。

二次災害は、地震が引き起こす間接的な災害のことです。

地震による火災やガス漏れは建物の倒壊や破損が原因で発生します。また、土砂崩れなどにより、道路や鉄道の通行が妨げられる場合や、上水道や下水道が破損することで水の供給が滞ったり、衛生状態が悪化するケースもあります。

地震後に揺れの余波で地下水が地表に湧き出す場合もあります。地盤の**液状化**（地盤が水に浮いたようになる現象）も起こります。2011年の東日本大震災時に多くの地域で液状化現象が発生した記憶が残っている方も多いことでしょう。

これらの二次災害は、一次災害から派生する問題で、被災地域にさらなる困難を与えることがあります。また、地震の直後やその後に、**本震の余震**や**「アフターショック」**と呼ばれる地震が発生し、これらによって、すでに損傷した建物や構造物により深刻な被害をもたらす可能性があります。


一次災害と二次災害は密接に関連しており、地震が発生すると一次的な被害が起き、それによってさらなる二次的な災害が引き起こされます。日頃からの地震への備えや適切な対策の実施は、被害を最小限に抑えるために非常に重要なのです。

地震動予測地図は本当に役に立つか？

地震動予測地図は、地震学者や地震予知の研究者が地震の発生リスクを予測するために作成する地図です。「J-SHIS MAP」と呼ばれ、将来日本で発生する恐れのある地震による強い揺れを予測し、予測結果を地図として表したもので、国の地震調査研究推進本部により作成されているものです。

地震の活動や地殻の応力状態（地殻内部で発生している力の分布）などのデータを分析して、地震が発生する可能性が高い地域や時間帯を特定します。

地震の発生確率やマグニチュードの範囲など、さまざまな情報を提供する地震動予測地図は、地震のリスク管理や防災対策に使用されることがあります。しかし、地震動予測地図はあくまで参考情報であり、予測の1つの手がかりとして利用するべきです。重要なのは、地震リスクが高い地域では、適切な建築基準に則って家を建て、地震対策の知識や意識を高め、緊急時の備えなど地震に対する総合的なアプローチを取ることです。

確率論的地震動予測地図

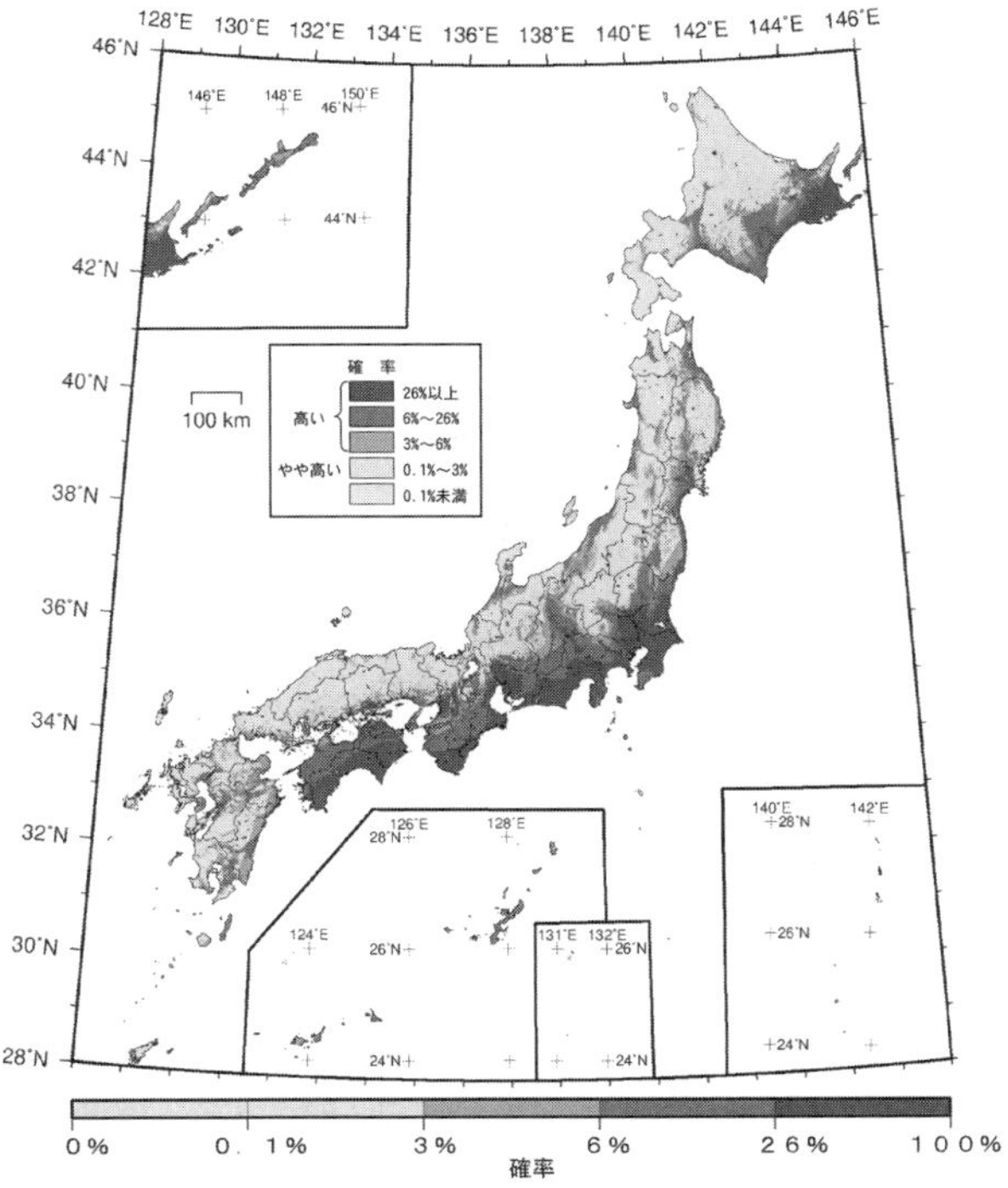

今後30年間に震度6弱以上の揺れに見舞われる確率。
出典：「全国地震動予測地図2020年版」（地震調査研究推進本部）

大地震発生時に取るべき行動

①落ち着いて正しい空間認識をすることが生死を分ける

地震が発生した場合に、**正しい空間認識**を持つことが生死を分ける重要な要素です。地震は前触れもなく突然発生し、自分がいる建物や地盤が大きく揺れ動きます。そのとき冷静に適切な行動を取ることが命を守ることにつながるのです。

空間認識というのは、地震が起きたときに自分や周囲の状況を正確に把握する能力のことです。正確な空間認識ができていれば、安全な経路を通って安全な場所に避難するなどの行動を取ることができます。一方、空間認識が不十分であわてて逃げ出したりすると、建物の倒壊や地盤の崩壊などの危険に直面してしまう可能性が高まります。

地震に限らず、**突然の危機に際してまずやるべきことは深呼吸**です。呼吸が十分でないと脳に酸素が行き渡らず、正常な判断や機敏な行動ができなくなるからです。

②３秒で決断する

レスキュー隊員は**「現場では３秒で決断せよ」**と教えられるそうです。有事の際には、**１秒で情報収集して状況判断。２秒目で行動を決断して、３秒目で行動に移す。**それが生死を分けるのです。それも立ち止まったままではなく、動きながら考えることが重要だといいます。立ち止まったままだと思考もフリーズしてしまいがちだからです。

地震が起きたときにやるべきことは、スマホで地震情報をチェックすることではなく、**一刻も早く安全な場所に避難する**ことです。自分の安全を確保して落ち着いてから、家族の安否確認や災害情報のチェックをするべきなのです。

③屋内の退避スペースがどこなのかを意識しておく

地震の揺れは恐ろしいものですが、揺れ自体で命を落とすことはありません。**地震の揺れは通常３～５分で収まります。**本当に怖いのは**落下物や転倒物**です。地震が発生したら、可能な限り急いで安全な場所に移動しましょう。家屋やオフィス内では、耐震性の高いテーブルの下に隠れたり、柱や梁の近くに移動するなど、落下物や転倒物から身を守ることができる場所に避難します。窓際やガラス製品の近くは避けましょう。

普段から常に建物内外の**避難経路**を把握しておくことも重要です。非常口や緊急階段など、安全かつ迅速に建物から脱出できる経路を心に留めておきましょう。

④ 屋外にいるときはとにかく広い場所へ移動する

屋外で地震が発生したら、**落下物から身を守り、ビルの倒壊などにも注意しながら公園などの広く安全な場所へ避難**しましょう。広い場所に移動することで、落下物や建物の損壊から身を守ることができます。救助隊から見つけてもらえる確率も高くなります。人込みの中や混雑した場所では、パニックに巻き込まれてケガをする危険性もあります。**広域避難場所**など広い場所へ移動することで、他人との接触を減らし、自身の身体的な距離を確保することができます。

⑤ オフィス街、繁華街では頭をカバンなどで保護し建物から離れる

中高層ビルが建ち並ぶオフィス街や繁華街では、**窓ガラスや外壁、店の看板やネオン**

サインなどの落下の危険性があります。オフィスビルの窓ガラスが割れて落下すると、時速40~60キロものスピードで四方八方に飛び散るといわれています。

また、強い揺れによって**電柱や自動販売機**なども倒れてくることがあります。カバンなどで頭を保護し、速やかに建物や電柱などから離れましょう。

ブロック塀も危険です。震度6弱を記録した2018年6月の大阪府北部地震では、ある小学校のブロック塀が約40メートルにわたり倒壊、登校中だった小学校4年生の女児が亡くなってしまいました。同地震では民家のブロック塀が崩れ、通りがかりの80歳の男性も下敷きになって亡くなっています。地震を感じたらブロック塀からは離れるようにしてください。

⑥ 車の運転中は路肩に停め、徒歩で避難するときはキーをつけたままに

車を走行中に大地震が起きるとパンクしたような状態になり、ハンドルをとられて運転は困難になります。**地震が発生したら、ハザードランプを点灯させて減速**しましょう。急ブレーキは大事故のもとです。ハンドルをしっかり握って徐々にスピードを落とし、交差点を避けて**道路の左側に停車し、エンジンを切ります。**駐車場や空き地があれば、そこに停車して揺れが収まるまで待ち、カーラジオなどで情報を確認します。

車を離れるときはキーをつけたままにします。緊急自動車の通行の妨げとなる場合に移動させられることがあるので、**ドアロックもしない**でおきます。**連絡先のメモを残しておく**とさらによいでしょう。

東京都では、震度6弱以上の大地震時には「第一次交通規制」が実施され、都心方向への車両通行が禁止になり、高速道路等と一般道路6路線が**「緊急自動車専用路」**となって、一般車両は通行できません。「第二次交通規制」が実施されると「緊急自動車専用路」が**「緊急交通路」**にランクアップされ、災害応急対策に従事する車両のみの通行となります。

このように、地震発生時には**正しい空間認識や冷静な行動が生死を分ける**要因となります。災害時の適切な対応策を学び、地震への備えを整えることはもとより、地域の防災計画や避難訓練への参加、耐震性の高い建物の利用などが有効です。

大地震への備え

「備えあれば憂いなし」ということわざ通り、地震に対する「備え」は非常に重要です。地震は予測が難しく、突然発生する自然災害ですので、「備え」が生死を分かつことに直結します。

以下に、地震に対する備えとして考えられる重要なポイントをいくつか挙げてみます。

重量のある家具や家電を自身から遠ざける工夫をする

まず、**重量のある家具などの収納スペースを最適化する**ことです。頻繁に使用するものは簡単にアクセスできる場所に収納し、重量のあるモノを奥深くに収納することで、誤って触れたり倒したりする可能性を減らすことができます。

また、**重い家具や家電はできるだけ低い位置で安定した場所に設置する**ことを心がけましょう。不安定な状態で置かれていると、振動や衝撃によって倒れたりする可能性が高まります。家具や家電を購入する際には、重心が低く安定感のあるものを選ぶことも重要です。

このようにしておけば、重量のある家具や家電を自身から遠ざけることができます。ただし、重いものを移動させる際には注意が必要です。腰を痛めたりしないように、友人や家族に手伝ってもらったり、専門の業者に依頼したりして、安全で効率的に配置を変更しましょう。

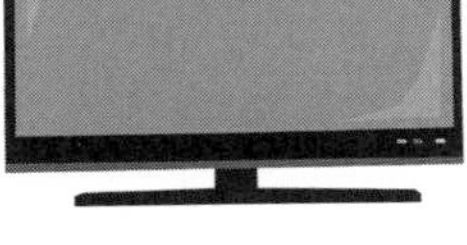

家具の固定、戸棚の扉ロックなどの地震対策

家具や家電をしっかりと固定するための**ブラケット**や**アンカーボルトを使用**することをぜひ検討してください。ブラケットというのは、モノを固定するために使うL型の金具のことです。アンカーボルトはステンレスでできた棒状の接合金物です。

戸棚やキャビネットの扉は地震時に開いてしまう可能性が高く、扉が開くと中の物品が飛び出してしまったり、扉が人やモノにぶつかってケガをする危険性があります。

戸棚の扉ロックや**耐震ラッチ**を使用して、扉がしっかりと閉まるようにしましょう。耐震ラッチとは、食器棚や物置棚の扉・引き出しに取り付けておくことで、収納物の飛び出しを防ぐ耐震アイテムです。

さまざまな仕組みの商品がありますが、最近では、地震を察知した際に留め具が作動し、扉がロックされるものも販売されています。お手持ちの家具の扉の開け方に対応しているか、取り付け方法が扉の素材に合うかなどをしっかり確認して選びましょう。

大地震発生時の「自宅避難」を前提とした備蓄

自宅が居住可能であれば、避難所に行かずに慣れ親しんだ自宅で生活を続ける**「自宅避難」**が原則です。避難所というのは基本的に家が倒壊してしまったり、住めなくなった方のための施設です。大勢が1カ所に集結すると避難所がパンクしてしまいます。なるべく家族と自宅にとどまることを検討するのがいいと思います。

自宅避難を前提とした備蓄は、災害時や緊急事態に備えて自宅で安全に過ごすために重要です。以下に、自宅避難を前提とした備蓄の基本的なアイテムをいくつか紹介します。第2章の「生活防災」の心構えでも備蓄について少し触れましたが、もう少し詳しくご説明します。

まずは、**長期保存が可能な非常食**を備えておきましょう。これには乾燥した穀類（米、パスタ）、缶詰、乾燥フルーツ、ナッツ類、栄養バーなどが含まれます。ごはんは水を加えるだけで食べられるアルファ化米が便利です。

必要なエネルギーや栄養を補給できるものを選び、家族の人数や好みに合わせて量を確保し、最低でも3日分、可能であれば1週間分を用意しておきましょう。また、普段食べる食材を多めに購入し、消費したら買い足す**「ローリングストック」**で備蓄しておきましょう。

被災した日は**停電**になる可能性が高いため、冷蔵庫の中の肉や魚など、傷みやすい食材をまず使いましょう。クーラーボックスがあれば、一時的に食料を保存することが可能です。

飲み水は生命維持に欠かせません。災害時には水道が止まる可能性があるため、飲料水を備蓄しましょう。個別の容器に保存できるボトルウォーターや、水の保存袋（ウォーターバッグ）が便利です。市販のペットボトルのほかに、空のペットボトルに水道水を入れて定期的に入れ替える方法をお勧めします。飲用以外に生活用水も一定量用意しましょう。**１人あたり飲用と調理で１日３リットルの水**を確保することが目安です。

水は大切なので少しずつ飲もうと思いがちですが、その節約が脱水症状を引き起こす可能性もあります。熊本地震では脱水症状などでの災害関連死が直接死よりも多く報告されています。**水は我慢せずに十分に補給**しましょう。

また、慢性的な病気を抱えている場合や急病に備えて、**必要な薬品や医療品**も備蓄しておきましょう。病院や薬局が利用できない状況でも、最低限の医療ケアができるように準備することが重要です。処方薬の控えや消毒液、絆創膏などの応急処置用品を備えておくと便利です。また、トイレットペーパーやティッシュペーパー、ウェットティッシュなどの**衛生用品**も備蓄しましょう。さらに**携帯トイレ**も忘れずに用意しておきましょう。

災害時には暖房が利用できない場合がありますので、暖かい衣類や毛布、シュラフなどの**防寒具**もストックしておきましょう。自宅を出て寝具のない環境で過ごす可能性を考えて、**寝具**も備えておくと快適に過ごせます。**寝袋**などを用意しておきましょう。

電気やガスの供給が止まった場合でも調理ができるように、非常用の**キャンプストーブ**や**カセットコンロ**を用意しておくと安心です。ただし、使用の際には安全に十分注意してください。

災害時には**「明かり」**も非常に大事になります。常時点灯できる**懐中電灯やLEDランタン**など、照明器具を確保しておきましょう。**予備の電池**も忘れずに。災害時に情報を受け取る手段として、手回し式やソーラーパネル付きのラジオも持っておくといいでしょう。

パスポート、身分証明書、保険証、銀行口座情報などの重要な文書や、アドレス帳などの情報はスマホで写真に撮っておくか、コピーなどの紙でバックアップしておきましょう。

備蓄品は定期的に点検し、賞味期限が切れる前に交換・補充することが必須です。災害時に備えて、家族や地域の安全を確保するために万全の備蓄を行なってください。

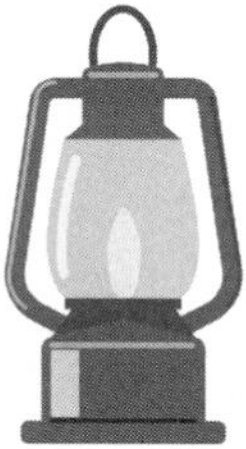

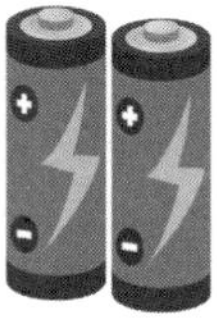

何よりも「耐震性の高い家に住む」のが最善

耐震性の高い家に住むことは、地震のリスクのある地域で安全かつ安心して生活するために非常に大切です。では、耐震性の高い家とはどういったものでしょうか。

耐震性の高い家を建てるためには、地元の**建築基準や規制を守る**必要があります。建築士や専門家と協力して、基準を満たす建築計画を立てましょう。無理な増築などをすると建物の耐震性を大幅に損なう可能性が高まります。

建物の基礎は地震時の揺れに最も影響を受ける部分です。地盤調査を行ない、地震による揺れに強い基礎を設計しましょう。また、地震対策として、**地盤改良や地震対策用の補強工法**を取り入れることも考慮するといいでしょう。

建材や構造の選択では、**柔軟性と耐久性**を重視しましょう。地震時の揺れに対して柔軟に反応し、倒壊や損傷を最小限に抑えることができます。

家の間取りも地震時の安全性に影響を与えます。開放的な間取りや、構造上重要な部屋（キッチンやバスルームなど）を壁で囲むことで、地震時の安全性を高めることができます。地震対策として、**揺れを感知して自動的に停止するガスバルブや火災報知器などの安全装置の設置**も検討しましょう。

耐震性の高い家であっても、**定期的な点検と保守が必要**です。建物の劣化や損傷を早期に発見し修復することで、長期間安全に住み続けることができます。

耐震工事費用の目安と助成金について

耐震工事費用の目安は、さまざまな要素によって異なります。具体的な費用は、建物の種類、規模、構造、現状の耐震性能、地域の建築基準などによって変動します。土地の耐震改良工事に10坪あたり数百万円かかるケースもあることは、前述の通りです。

一般的には建物の状況を評価するため、専門家による調査が必要です。

助成金についても、国や地方自治体によって異なります。耐震工事に関する助成金や補助金は、地震被害を軽減するために設けられています。具体的な助成金制度や条件は、時期やお住まいの自治体によって変動する場合があります。

耐震工事の費用目安や助成金についての具体的な情報を得るためには、次の方法を試してみることがお勧めです。

助成金や補助金の情報は、国や地方自治体の**建築・都市計画部門や災害対策部門**などで提供されていることが多いようです。ウェブサイトを調べて、最新の情報を入手しましょう。

また、建築士や耐震診断士などの専門家に相談することでも、耐震工事の費用目安や助成金制度に関する情報を得ることができます。専門家は現地調査や耐震診断を行ない、具体的な見積もりや助成金の申請手続きなどをサポートしてくれます。

「最新高層マンションなら安心」は本当か

いわゆる**タワマン**や**高層マンション**は、通常、地震や風害などの自然災害に対する基準を満たすように設計されています。建築基準法などの規制に基づき、地震に強い設計や耐震補強が施されている物件が大半です。

一般的には、高層階に上がるほど、短周期の揺れには強いのですが、長周期地震動が発生すると揺れを増幅してしまう可能性が高まります。また、長周期地震動がその建物の持つ固有の振動周期に合ってしまうと、揺れが長時間続くこともあります。

地震は予測できない自然現象であり、地震の規模や震源地との距離などによって揺れ方も異なります。高層マンションであっても、非常に大規模な地震や近くの震源で発生した地震などの場合には、建物自体にも大きな負荷のかかる可能性があります。また、高層階に位置しているからといって、揺れが完全にないわけではありません。

揺れを吸収するための**制振装置**や**制震ダンパー**が導入されているケースもあります

が、すべての高層マンションが同じような対策をしているわけではありません。また、高層マンションの安全性は周囲の環境や地域の特性にも左右されます。

一般的に高層マンションには、地震発生時や停電時に備えて**非常用発電機**が設置されています。また、**非常用電源装置（ＵＰＳ）**という、短時間の停電や電力の一時的な喪失に対応するための装置もあります。ＵＰＳは無瞬断（一瞬も停電することなく）で電源を供給できますが、長時間の電源供給ができません。非常用発電機は電源供給までに時間を要しますが、長時間の電源供給が可能で、停電時にもエレベーターの運転や非常用照明などの必要な設備に電力を供給します。

ただし、大規模な地震や災害の場合には、電力供給が途絶える可能性もあります。

地震が直接の原因ではありませんでしたが、２０１９年の台風19号により、神奈川県の武蔵小杉駅周辺のタワマンが水害に見舞われ、地下３階にあった電気設備などが浸水したため、長期間にわたって停電、断水し、マンション住民の生活が機能不全に陥ってしまいました。高層マンションの場合、**電力が供給されないと、エレベーターが止まり外に出ることも困難になってしまう**というリスクがあるのです。

免震構造の**タワマンは地震には強くても水害には弱い**ことが判明し、現在では従来地下にあった電気系統の供給設備を2階以上に設置するなど対策が取られているようです。

高層マンション、タワマンなら災害時でも安全という**「安全神話」**を信じるのは危険です。「最新高層マンションだから安心」という宣伝文句は一般的な傾向や期待値を示しているものであり、個別の物件や状況に関しては慎重な判断が必要です。購入や入居を検討する場合は、建物の設計や構造、管理体制、周辺環境などを詳しく調査し、専門家の意見や情報を参考にするようお勧めします。

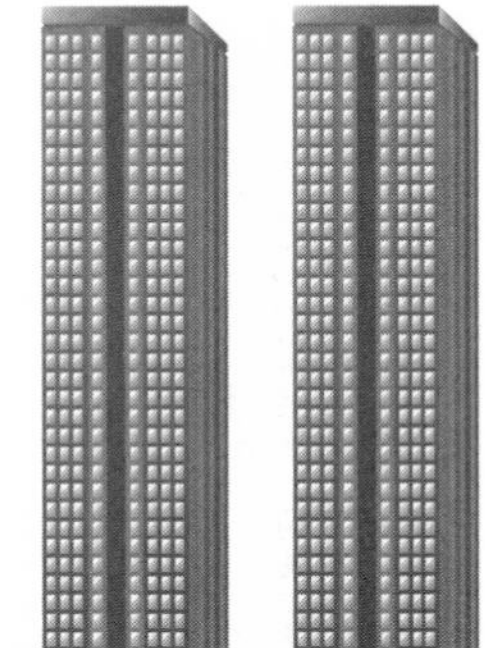

地震保険はどの程度かけるべきか

地震保険の加入額は、個人個人の状況やリスクによって異なるため、一概にどの程度かけるべきかをアドバイスすることはできません。ただし、以下2点の要素を考慮して、適切な加入額を決定することが重要だと思います。

・地震の発生頻度など、住んでいる地域の地震リスクを考えましょう。
被害の可能性が高い地域では、より高い保険加入額が必要でしょう。

・住んでいる住宅の現在の評価額を確認しましょう。
建物の価値が高い場合は、それに見合った保険金額が必要です。建物の再建費用を考慮することが大切です。

もちろん、地震保険の保険料は加入額によって異なります。あたりまえですが、加入額が高いほど、保険料も高くなるのです。予算に合わせて保険料を考慮しましょう。

さらに、保険会社によって地震保険の**補償範囲**が異なる場合があります。保険加入額を設定する際には、自身や家族のニーズに合った補償範囲を確認しましょう。

これらの要素を総合的に考慮して、自身や家族の保険ニーズに合った地震保険の加入額を選択することがお勧めです。

【コラム】津波発生時の正しい行動

●津波への誤解が被害を生む

天気予報を見ると毎日、波（波浪）の高さが予想されています。天候がさほど悪くなくても、２メートルや３メートルの高さは珍しくなく、その程度の波の高さで海岸付近に住む人々が避難することはありません。

しかし、２０１０年２月にチリで発生した地震による津波では、津波の高さが３メートルと予想された海岸をもつ36市町村すべてにおいて、避難指示・勧告が発令されました。同じ波でありながら、波浪と津波とでは何が違うのでしょう。

まず、**波浪と津波では発生の仕組みが大きく違います**。波浪は風の力によって発生する波。一方で津波は大規模な地震によって震源に近い海底に上下方向のずれ（断層）ができ、それによって生じる海水面の盛り上がりや落ち込みによって起こる波です。

浴槽の水面に息を吹きかけて起こる「波」が波浪で、浴槽の底から手のひらを水面に向けて押し上げて起こる「波」が津波だと考えればわかりやすいでしょう。

発生の仕組みが違うことで、その力にも大きな違いがあります。波浪では海面付近の海水だけが動きますが、津波は海底から海面まですべての海水が動くのです。しかも、波の山から次の山までの距離も波浪は数メートルから数百メートル程度ですが、津波は数キロから数百キロにも及びます。

つまり、同じ高さであっても、1回で沿岸に押し寄せる海水の量が、津波は波浪よりも桁違いに多く、それだけ力も大きいのです。

津波は、大量の海水が巨大な塊となって押し寄せるので、沿岸部でもその力が衰えず、周囲の建造物や船舶、自動車などを破壊しながら陸上の奥深くへと一気に進んでいきます。さらに、引くときにも強い力を保っているので、破壊したものを一気に海中へ引きずり込むのです。**津波の地面からの高さが1メートルを超えると木造家屋に被害が出始め、地面からの高さ50センチの津波でも、車が流さ**

れるほどの力を持っています。

　また、波長の長い津波ほど、そのエネルギーは衰えにくく、遠くまで伝わりやすいという性質を持っています。そのため巨大地震に伴う波長の長い津波によって、震源から遠く離れた場所が津波に襲われることがあるのです。

　例えば、チリで発生した津波が日本に到達したのは、発生してから約22時間後。チリと日本は約１万７０００キロ離れているので、**津波の速度を平均すると時速約７７０キロとジェット機並みの速さ**になります。津波は海が深いほど速く伝わり、水深が浅くなるにつれて速度は遅くなります。

　しかし、**海岸近くでもオリンピックの短距離選手並みの速さ**で迫ってくるので、普通の人が走って逃げ切ることは難しい。つまり、津波がやってくるのを発見してから避難を始めたのでは遅いのです。

　高さが50センチ程度でも立っていられないほど流れが強かった東日本大震災の際は、仙台平野などで海岸線から約５キロ内陸まで浸水が確認されました。また、津波自体の高さが14・８メートルまで痕跡が残っており、陸地の斜面を津波が駆け上がった高さは40・5メートルにもなったと記録されています。

このように、津波は自分たちのこれまでの経験からは想像もできない規模で襲ってくるかもしれないのです。

災害時に警報が発表されたと知っても、なんとなく「念のため、大げさにしているのだろう」「この間も何もなかったし、今回も大丈夫だろう」と判断したり、「自分たちは大丈夫だ」と感じたりすることはないでしょうか。それは、私たちの心を過度な恐怖や不安から守るために「大丈夫」と思い込む作用、「正常性バイアス」が働いている状態なのです。恐怖や不安を和らげることは悪いことではありませんが、災害の場合はこうした心理状態が避難の遅れにつながりかねません。

津波に関しては**「100回逃げて、100回来なくても、101回目も必ず逃げて！」**という標語があります。**「大丈夫だと思うけれど、念のため」**と考えをシフトして、命を守る行動を心がけましょう。**「強い揺れ」「弱く長い揺れ」「大津波警報・津波警報」**が来たら、まず高い場所へ急ぎましょう。そして大津波警報や津波警報が解除されるまで安全な場所にとどまってください。

●海岸地域に住む人の常識とすべき「津波への対応」

まず、自分が住んでいる地域の避難場所や避難経路を把握しておきましょう。
津波が発生した場合には、海岸線から遠く離れた高台や避難施設への移動が必要で、避難経路がどこにあるかを事前に確認しておくことが重要になります。地域の防潮堤や避難ビルなどの施設も避難場所として活用できるか確認しておきましょう。

実際の災害発生時にはパニック状態になる可能性がありますので、定期的に避難訓練を行ない、冷静な行動ができるように準備しておくことが大切です。

家族や地域のメンバーと一緒に、津波の発生時にどのように行動するかを事前に計画しておきましょう。携帯電話やラジオ、ホイッスルなどを準備し、連絡手段や一時集合場所などを確認しておくことが重要です。

避難時には必要最低限のアイテムを持ち出さなければなりません。非常食や飲料水、防寒具、携帯電話やラジオ、薬などを普段からわかりやすい場所に置いておきます。また、個人の必需品や重要な書類も持ち出しやすいところに用意しておきましょう。

各自治体はハザードマップを作成しています。しかし地震や津波など災害の種類によってハザードマップは異なるため、しっかり確認しておきましょう。

海の周辺の高い建物もチェックしておきます。高い建物には**「津波注意」「津波避難場所」「津波避難ビル」**のマークがあります。これらは避難を推奨された場所や建物を表しています。

●海岸にいて生存可能な道を探すために必要なこと

海岸沿いにいるときに地震が発生した場合、揺れが小さくても大きな津波が襲ってくる場合があるので、速やかに避難する必要があります。しかし、揺れが続いている間に安全な場所に移動することは非常に危険です。地震が終了して揺れが収まったら、津波警報や避難指示に従って行動しましょう。

「津波の前には潮が引く」という言い伝えもありますが、津波が来るときに必ずしも潮が引くとは限りません。津波を確かめるために海へ行くのは絶対にやめてください。ラジオ、テレビ、インターネット、防災アプリなど、信頼できる情報が入手できる媒体を確認して、津波警報や避難指示に注意を払いましょう。

また、津波が押し寄せたあと、海岸近くでは**「引き波」**と呼ばれる強力な海流が発生することもあります。津波が引いたあとに沿岸域に近づくと、危険な引き波に巻き込まれる可能性があるため、注意が必要です。

●「生き残った人」「亡くなった人」その生死の分かれ目

津波のような自然災害で、生き残るか亡くなるかの分かれ目は、さまざまな要因によって決まります。

津波が発生した場合、速やかに避難行動を起こし、津波が迫る前に逃げられるかどうかが生存するためのカギとなります。しかし、それは個人の体力や運動能力にかかっています。自力で逃げることができるかどうか、津波の衝撃から身を守ることができるかどうかは、非常に重要なポイントです。

そのためには各個人が普段から適切な警戒態勢や避難計画を立てていて、事前の学習や情報収集を行なうことで、避難行動を適切に取ることができるのです。

津波の被害は予測が難しく、状況によっては偶然の要素が生死の分かれ目となります。例えば建物の倒壊や漂流物に巻き込まれるなど、予測不可能な状況に見舞われることもあるのです。

東日本大震災の生存者が推測する、被災者が津波から逃げ切れなかった理由として最も多かったのは、**「避難経路に渋滞やがけ崩れなどの障害があった」**という回答でした。これは亡くなった方全体の18％にのぼると推定されています。**「渋滞で身動きが取れず車ごと流された」**という回答もありました。

第4章

風水害・土砂災害発生時の行動と備え

今後も右肩上がりに増える風水害・土砂災害にどう備えるのか

世界全体で地球温暖化が異常気象の大きな原因の1つであるといわれています。**「温室効果ガス」**が増え過ぎてしまい、地球の温度が上昇して、大気中の水蒸気の保持能力が向上し、より多くの雨が短時間の間に降ることが増えてきています。それはすなわち洪水や土砂災害のリスクが高まるということです。

温暖化により海水温が上昇すると、海洋熱力学の変化が台風の勢力や進路に影響を与えます。

日本は、地形、地質、気象等の面で極めて厳しい条件下にあります。**国土の約7割を山地・丘陵地**が占めており、世界の主要河川と比べて標高に対し**河口からの距離が短く、かつ急勾配**で、降った雨は山から海へと一気に流れます。このような条件のうえに、梅雨や台風によって大雨が降ることで、洪水や土砂災害がたびたび発生しているのです。

さらに、都市化や土地利用の変化が風水害および土砂災害のリスクを増加させています。急速な都市化により、水を透過しづらい舗装やビルの建設が増え、雨が直接排水されることが多くなっているのです。

逆に、下水道の排水機能が発達して、**都市に降った雨も短時間で一気に河川に流入するようになったことや、もともと災害の危険性のある土地が宅地へと開発**されてきたことで、洪水や浸水が発生しやすくもなっています。

山間部や急傾斜地では、急速な開発や過度な森林伐採が地盤の安定性を損ね、地すべりや土石流のリスクを高めています。したがって将来にわたって風水害や土砂災害のリスクは増える一方です。しかし、地域ごとの地形や気象条件、都市計画など、さまざまな要因が影響を及ぼすため、具体的な予測は難しいというのが現状です。

２０２１年に熱海市伊豆山で大規模な土石流が発生しましたが、私は発生前に何度も近くを訪れていたので、実は「土砂災害が起きる可能性が高い」と地元の不動産会社や一部の住民に警告していたのです。

災害リスクを最小限に抑えるためには、災害に対する意識を高め、適切な備えを行なうことが重要です。地元の風水害や土砂災害に関する情報を収集しましょう。地方自治体や気象庁の発表、災害情報アプリ、ラジオ、テレビなどの公式な情報源を確認し、いつも最新の情報にアンテナを張っておくことが大事です。

また、風水害や土砂災害の原因となる環境の変化や破壊を最小限に抑えるために、**環境保護**に努めることもとても重要です。森林や河川の保護、適切な土地利用、持続可能な農業などを支援し、自然の回復力を高める取り組みに積極的に参加しましょう。

これから新しい家屋や建物を建てる場合は、地震や洪水、土砂崩れのリスクをよく考慮して場所を選ぶことが重要です。自分でその地域の災害履歴を知り、土地の高低や水の流れ、地盤の状態などを調べて、専門家に助言してもらいましょう。

年々大型化する台風

地球温暖化のせいで、台風は年々強くなり、巨大化し、日本に接近・上陸しています。「いったい地球はどうなってしまうんだ！」。台風シーズンになると、そのような声がたくさん聞こえてきます。

確かに、地球温暖化によって海水温が上昇し、大気中の水蒸気量が増えたことは、台風の形成や発達に影響を与えています。

大型の台風は、通常よりも広範囲にわたって強い風と大雨をもたらします。これは、暖かく湿った空気が大気中でより長く存在するため、台風のエネルギー源となる熱や水蒸気が供給されるからです。また、海水温の上昇によって、台風が発生する場所や進路が影響を受け、より強力な台風が形成されることもあります。

ただし、台風の大型化が必ずしも年々進行しているわけではありません。気象の変動や気候パターンの変化によって、年ごとに異なる傾向が散見されます。ですから長期的な気候データを分析する必要があるのです。

とはいえ、**日本に上陸した台風の強度は、近年、増大化する傾向**が見られます。これはなぜでしょうか。

前述の台風のエネルギー源となる熱や水蒸気の量は、通過する海域の海水温の低下によって減るため、これまでは北上して日本列島に近づくにしたがって勢力を急速に弱めてきていました。しかし近年では日本周辺の海域での海水温が上昇することで、勢力を減らすことなく、大型のまま日本に上陸することが多くなっています。

ただ、必ずしも大きい台風が怖いとは限りません。台風の強さは、中心気圧の低さだけでなく、中心付近の風速でも判断します。「風の強い台風」が、「強い台風」ということになります。台風が大きいということは、強風が吹く範囲は広くなります。しかし、サイズが大きくても、台風の強度としてはそこまで強くない場合もありますし、サイズが小さくても十分強い台風になって、狭い範囲で大きな被害を出すこともあります。

台風がもたらす風の強さは**「台風の中心気圧」**ではなく、**「中心に向かってどれだけ**

気圧低下の変化が大きいか」で決まります。天気図で台風を見ると、等圧線が何重にも引かれていますよね。グルグル過ぎて中心付近が真っ黒に塗りつぶされているようなものもあれば、そうでないものもあります。前者では風が強くなり、後者は比較的弱くなるのです。

同じような進路や発達の仕方であっても、性質が違う台風になる場合があります。理由の1つには周囲の状況がありますし、また、季節もカギになります、**夏に来る台風は「風台風」**になりやすく、**秋に来る台風は「雨台風」**になる傾向があるということです。

秋は前線が発生しやすく、雨が降りやすい状況です。**秋雨前線と台風が同時に起こると大雨が降りやすい**ので要注意です。

今後台風がどうなっていくのか、という危惧については、ほとんどまだ白紙の状態です。半世紀前までは海上での気象観測が十分でなかったので、昔と比べて海の上でも強くなっているかどうかは確かめられません。1977年に気象衛星「ひまわり」が打ち上げられるまで、太平洋上にある台風の観測データはほとんど存在せず、米軍の気象観測機により断片的に把握している情報があるだけだったのです。

ただ、一般的に考えれば温暖化が進み、海面水温が上昇し、日本の近海でも台風が発達できるようになっています。上陸直前まで発達を続ける台風はやはり危険で、室戸台風や伊勢湾台風に代表されるような大都市に高潮被害をもたらす台風や、埼玉県や東京23区東部で大規模に水害を発生させたカスリーン台風のような台風がさらに強い勢力で襲来する可能性はあるのです。今後、私たちの想定をはるかに上回る台風災害が発生しないとは言い切れません。

台風で水浸しになった道路を通行する車

風水害発生時に取るべき行動

自然災害は、特定の場所や地域で突発的に起こるので、完全に避けることは難しいと言えますが、**風水害は適切な準備と対応策を取っておくことで、比較的避けることができる災害**です。

地元の気象予報や気象情報サービスを定期的に確認して、常に情報を入手しておきましょう。災害管理機関や地方自治体のウェブサイト、ＳＮＳアカウントなどをフォローして、最新の警報や注意報を気にかけておく習慣をつけておくといいと思います。多くの地域では、災害情報を提供する専用のアプリやサービスがあります。これらを活用して、地域の災害情報や避難指示を受け取ることができます。

洪水予測などを行なう早期警戒システムで水位や降水量のモニタリングができます。これによって洪水の発生を事前に予測し、適切な対応を取ることができます。

近隣の住民や地域のコミュニティと連携し、情報を共有するネットワークを構築することも大切です。あらかじめ避難場所や避難経路を事前に確認して避難計画を策定し、家族やご近所の方たちと共有しておきましょう。

日頃から自宅周辺の排水溝や雨水の流れを確認し、詰まりや問題のない状態を保つことや、居住する自治体に対して、風水害への対策や予防策の強化を求める声を上げることも重要です。

もし風水害が起きてしまった場合は、次のような基本的なガイドラインに従って行動しましょう。

・災害時に一番大切なのは人命です。自身と家族の安全を最優先に考えましょう。危険が迫っている場合は、とにかく迅速に避難することです。

・地元の自治体や関係機関からの避難指示に必ず従いましょう。避難場所や避難経路を確認し、指示された場所へ移動しましょう。

・普段から風水害に備えて非常食や飲料水、薬品、重要な書類などを保管しましょう。

早い段階で避難することが何より重要

風水害は、ほかの災害と比較してある程度の予測はできますが、状況が急変することがあります。しかし、早い段階で避難することによって、被害を最小限に抑えられます。

例えば、風水害によって**道路や交通機関が寸断**されるケースもあります。遅れると避難ルートがふさがれる可能性もあり、避難所の混雑を避けるためにも早めの避難が必要です。

避難指示が出たら、躊躇せずに避難場所へ移動します。時間が経つにつれて状況が悪化する場合があるためです。

そして、避難経路はできる限り安全なルートを選びましょう。水の流れや洪水によって通行が困難になる可能性がある場所は避けて、経路を選択してください。

車での避難のリスク、徒歩避難のリスク

風水害時には**道路や低地が浸水**する可能性があります。車で避難していると、浸水した道路に遭遇して車が水に浸かってしまったり、浸水の深さや水の流れの速さによっては車が流されたり、立ち往生したりする危険性もあります。

夜間の台風や大雨の際には、視界不良のため車ごと河川に転落する危険もあります。また、信号機の故障など交通状況の混乱によって、ほかの自動車や歩行者などとの交通事故を引き起こしたり、車内避難で長時間過ごしたりすることにより、**エコノミークラス症候群**等の健康被害を発症するということも考えられます。

あらかじめ、ハザードマップなどで自宅から避難場所への経路にある危険箇所を確認しておきましょう。

特に台風や大雨の際は、**河川やがけ地付近の道路**や、冠水する恐れのある**地下道（アンダーパス）**を通行することは避けましょう。

大規模な風水害に見舞われた場合、多くの人々が同時に車で避難を試みるため交通渋滞が発生する可能性があります。これにより避難が遅れたり、それに伴ってストレスが増大したりすることにもなりかねません。また、緊急車両の通行の妨げになり、燃料不足や車両の故障により避難が困難になる可能性もあります。

高齢者や障がい者などの要配慮者の方と同行避難する場合など、やむを得ず自動車で避難する場合を除いて、**風水害時は徒歩で避難**をしたほうがいいかもしれません。

しかし徒歩での避難もリスクは伴います。浸水した道路や倒壊した建物、流れの速い川など、危険な状況に遭遇する可能性は否定できません。特に、水の深さや流れに注意しながら進んでいく必要があります。

避難先までの距離や避難ルートの地形によって、徒歩での避難は時間と体力を必要とする場合があります。長時間の歩行や疲労は体力を消耗させるため、高齢者や体力のない人にとっては特に困難です。**避難するときは単独行動を避けて、できるだけ２人以上で行動し**、冠水している場所は避けましょう。浸水の深さが大人のひざくらいの高さを超えると、水圧の影響で成人男性でも歩くのが難しくなります。

また、道路や歩道が冠水に覆われている場合、水面下に電線や危険な物体が潜んでいる可能性があります。徒歩で進む際にはこれらに接触して感電やケガなどをしないように注意してください。また、道路が冠水していると足元を確認しにくいため、転倒したり、蓋の開いたマンホールや側溝・用水路などに転落して流されたりする危険があります。やむを得ず、冠水している場所を移動するときは、浸水の深い場所や流れのある場所を避けて、傘や長い棒などで足元の安全を確認しながら慎重に進んでください。

風水害の避難時の注意点は以下のようなものがあります。

- **水位の確認。歩ける深さはひざ下ぐらいまで。**
- **足元に注意を払う。脱げにくい運動靴を着用。裸足、長靴は禁物。**
- **子どもから絶対目を離さない。はぐれないようお互いをロープで結んで避難。**
- **動きやすい服装で、運動靴を履いてヘルメットをかぶる。**
- **避難時には火元を点検。**
- **外出中の家族のために玄関の内側などに連絡メモを残す。**

風水害に対する家の外の備え、家の中の備え

風水害に備えるためには、家の外と家の中の両方で適切な対策をする必要があります。

そもそも水害の多い地域に住む場合は、**海抜（標高）の高い土地に住宅を建てる**ことが基本です。地盤が強固であれば盛り土をするなどで、浸水しにくい状態にすることも考慮しましょう。家の基礎部分を**高床**にしたり、敷地全体を**コンクリートなどの頑丈な塀で囲う**こと、あるいは**耐水性が高い壁や床材を使用する**ことで、浸水のリスクを軽減することもできます。

現在お住まいの家の外の備えでは、家の周囲の排水路や雨水の流れを確認し、水の流れを妨げる障害物を取り除いておきましょう。雨水が建物周辺にとどまると浸水の原因になるため、屋根や庭の排水システムを整備し、雨水が適切に流れるようにします。定期的な点検と修理を行ない、雨漏りのリスクを減らしましょう。

雨どいなどに枯れ葉や砂が詰まっていないかをチェックして、浸水が予想される場所

には**砂袋**を設置しておくことで水の浸入を防ぐことができます。
テレビのアンテナはしっかり固定して、鉢植えや物干し竿など、飛ばされそうなものは屋内へ移動させましょう。プロパンガスのボンベもしっかり固定し、ブロック塀や外壁のひび割れや亀裂は補強しておきましょう。

家の中の備えとしては、電気配線や主要な電気機器を、水の浸入しにくい位置に移動させましょう。**浸水時には感電の危険性があるため**、配電盤や電気設備を高い位置に設置するか、水から遠ざけるようにします。**貴重品類も、浸水から守るために高い場所に保管**しましょう。預金通帳や健康保険証など重要書類のバックアップを取っておくことも大切です。

また、浸水時に家具が浮いて動くことを防ぐために、重い家具は壁に固定するか、上の階に移動するなどの対策を取りましょう。

浴室やキッチンなど水回りの場所には、**防水シーリング**を使用することで浸水のリスクを軽減することができます。また、水害のリスクが高い地域にお住まいの方は浸水対策のための**水中ポンプ（排水ポンプ）**を準備しておくことを検討しておきましょう。

飛来物の襲来に備えて、**飛散防止フィルム**などを窓ガラスに貼ったり、カーテンやブラインドを下ろしておきましょう。

断水に備えて**飲料水**を備蓄しておくほか、水道水を入れたペットボトルを準備しておき、**生活用水**も別途確保しましょう。

懐中電灯、携帯ラジオ、電池、ローソク、マッチなどを近くに準備しておきましょう。

そして一番大切なことは、**リスクの高い時間帯は外出しないようにする**ことです。

できるだけ情報を収集して、避難する必要がある場合に備え、避難経路を確保しておくことが重要です。階段や窓の開閉がスムーズに行なえるようにしておきましょう。

水中ポンプ

洪水被害に遭う地域はすでに決まっている

洪水の被害は、地理的な要素や気象条件などによって影響を受けますが、一般的に低地や河川の近くの地域は洪水のリスクが高いとされています。また、過去に何度も洪水が発生している地域は、将来的にも洪水のリスクが高い可能性があると言えるでしょう。ただし、気候変動の影響により、過去のデータだけで将来の洪水リスクを予測することが困難になってきていますが、一般的に言えるのは次のようなことになります。

・河川や河口の近くの低地では、豪雨や雪解けによる水の増加や、ダムの放水などによって洪水のリスクが高くなります。

・海岸沿いの低地では、海面上昇や高潮によって海水が陸地に押し寄せます。

・排水システムが古い地域や下水道の設備が追いつかない都市部では、集中豪雨による洪水リスクがあります。

地方自治体や気象予報機関などが、地域ごとの洪水ハザードマップを作成していて、リスクの高い地域を把握しています。一見問題なさそうに見える土地でも、過去の記録を見ればどのような災害が起きやすい土地か、ある程度の予測を立てることはできます。

家づくりに際して、建物自体は建築技術によってある程度の工夫ができますが、土地自体はそれができません。住み始めたあとに、その土地が災害区域だと知ったところで手遅れなのです。

安全な土地を選んで、できる限り頑丈な家を建てることが重要です。

洪水被害を避けるためには海抜（標高）の高い場所に住むことが重要ですが、土地の高さは見ただけではわかりづらいものです。そこで国土地理院が公開している**「地理院地図（電子国土Ｗｅｂ）」**を見てみましょう。

標高が１００メートルある場所で川が氾濫し、周囲も標高１００メートル近くあるとすると、水はその中の低い土地に流れていきます。

「地理院地図」では土地の相対的な高さがわかります。

【調べ方】

- **地理院地図で調べたい住所を入力**
- **地図の種類から「標高・土地の凹凸」を選択**
- **「自分で作る色別標高図」を選択**

ハザードマップには**浸水想定区域**が示されていて、自分が住む地域のリスクを正しく把握できます。浸水想定区域とは、国土交通省および都道府県が**「洪水予報河川」（水位周知河川）**に指定した河川について、**「想定し得る最大規模の降雨」**に加えて**「河川整備の目標とする降雨」**によりその河川が氾濫した場合に浸水が想定される区域として指定したものです。

地理院地図（出典：国土地理院 HP）

内水氾濫と外水氾濫の違い

内水氾濫と**外水氾濫**は、どちらも水が制御できなくなり周囲に広がる現象です。

内水氾濫は、市街地に排水能力を超える多量の雨が降り、排水が降雨量に追いつかず、建物や土地が水に浸かってしまう現象のことです。**「浸水害」**とも呼ばれます。

内水氾濫には、排水のための用水路や下水溝が機能不全となり、少しずつ冠水が広がる**「氾濫型の内水氾濫」**と、河川の水が排水路を逆流して起きる**「湛水型の内水氾濫」**があります。湛水型の内水氾濫は、河川の水位が高くなっている場合に発生しやすくなります。２０１９年に多摩川の水が逆流したことで起きたのが、湛水型の内水氾濫です。湛水型の内水氾濫は、これまで水害が起きなかったため、急な豪雨に対して十分な排水機能を有していないエリアで起こりがちなのです。

内水氾濫は、低い場所であるほど発生のリスクが高まります。例えば、地下室や地下街などは内水氾濫が発生しやすい場所です。アスファルトは水の浸透が遅いため、アスファルトで舗装されている都市部も内水氾濫が起こりやすいと言えます。

内水氾濫で、代表的な被害は**下水の逆流**です。一般の住宅の下水管の口径は300〜600ミリがほとんどで、大雨時には下水管の中が雨水でいっぱいになります。すると、家庭からの排水が下水管に流れることができず逆流してしまいます。もし**近くのマンホールや側溝から雨水が噴き出していたら、トイレの水を流すのはやめたほうがいい**ということです。

下水道には合流式と分流式があり、合流式は汚水と雨水が一緒になって下水処理場に流れます。分流式は汚水管路と雨水管路に分かれていて、汚水は下水処理場へ、雨水は河川に流れるようになっています。近年の下水道は合流式を採用している地域が多いので、逆流には要注意です。


外水氾濫は、多量の降雨により河川が氾濫したり、海の堤防が決壊したりすることで市街地や住宅地に水が流れ込む現象です。**外水氾濫は内水氾濫と比較して、勢いよく大量の水が流れ込むため建物の倒壊などが発生し、河川や海に近いほど被害は大きくなり**

ます。また、土や砂を含んだ河川の水や海水が流れ込むため、内水氾濫より復旧に時間を要してしまいます。

外水氾濫が起きる原因は大雨や高潮（海岸近く）の発生によるもので、その多くは予想することが可能となっています。例えば、台風が強い勢力で近づいてくる場合、数日前から気象庁や天気予報で、住んでいる地域への接近を確認できます。

外水氾濫よりも内水氾濫のほうが被害は少ないのですが、もしも内水氾濫で住宅が浸水した場合、たとえ床下浸水であっても消毒が必要になります。下水管から雨水があふれる内水氾濫では、汚水も一緒に流れ出しているからです。

外水氾濫と内水氾濫の両方に共通して必要なのが**洪水ハザードマップ**です。

自分の住んでいる地域に大雨が降るとどのようになるのか、洪水ハザードマップで確認して、大切な命や家財が被害に遭うことを未然に防ぎましょう。

47都道府県のどこでも風水害や土砂災害の被害は発生する

日本は地理的な特徴や気候条件のため、風水害や土砂災害のリスクが高い国の1つです。山岳地帯が多く、急峻な地形や数多い河川、そこに豪雨などの気象条件が重なることで、洪水や土砂崩れや斜面崩壊が発生しやすいのです。さらに日本は地震帯に位置しているため、地震による土砂災害のリスクも高い。すなわち**日本のすべての都道府県下で水害や土砂災害が発生する可能性がある**と言えるでしょう。

日本の多くの地域では、過去に何度も水害が発生しており、河川の改修やダムの建設などの対策が進められていますが、完全にリスクを除去することは難しいのです。

洪水や土砂崩れに対する予防や対策には、国や地方自治体、住民の協力が必要です。洪水リスクのある地域では、堤防の整備や河川の改修、適切な警戒情報の発信などが行なわれています。

【コラム】火山噴火時の正しい行動

火山噴火が起きた場合、安全な避難経路を確認し、速やかに安全な場所へ避難することが一番重要です。低地や谷間は、**火山灰**や**溶岩流**が通過する可能性があるので避けましょう。基本的には**高地や火口から遠ざかる方向への避難**が望ましいです。

火山噴火では、岩石、火山灰、ガスなどの飛散物が発生する可能性があります。これらから身を守るために、**頭部はヘルメットや帽子で保護し、長袖の服、手袋、ゴーグルなどを着用**しましょう。噴火によって火山灰や有害なガスが放出されることがあります。これらは呼吸器系や目に対して大変危険ですので、**マスク**や**保護メガネ**を着用し、火山灰が舞っている場所からできるだけ離れてください。

噴火時には地元当局の指示に従って、避難センターや安全な地域へ移動しましょう。避難所や医療施設で、飲料水や食料などの必要な支援が提供されている

場合もあります

火山噴火は予測が難しい自然災害であり、かつ非常に危険です。自身と周囲の安全を最優先に考えて、冷静な判断・行動を心がけましょう。

●活火山周辺で起きること

活火山は定期的に噴火する可能性があります。噴火時にはマグマやガスが地表に噴き出し、火山灰、溶岩流、火砕流などが発生し、周辺地域に被害が及ぶ危険性があるということです。火山の噴火は地殻変動と関係しているため、**地震の発生も懸念**されます。

活火山からは、**水蒸気、二酸化炭素、硫黄などの火山ガス**が放出されます。これらのガスは、周辺地域の住民や環境に悪影響を及ぼします。

噴火時には大量の**火山灰**が空中に舞い上がり、風によって広範囲に運ばれ、先に述べたように呼吸器系などに深刻な影響を及ぼす可能性があります。電子機器などもダメージを受けます。また、噴出した溶岩が斜面を流れ下る溶岩流は非常に高温で、近隣の地域や建造物に大きな被害をもたらします。

活火山周辺に住んでいる場合、普段から地元の災害管理機関や**火山監視・警報センター**の指示や警告を注意深く追って、最新の情報を入手しておくことが重要です。常に地元のラジオ、テレビ、インターネットなどのメディアからも情報を収集しましょう。

火山噴火には**火災のリスク**もあります。家の周囲には燃えにくい植物を植え、屋根や壁の耐火性を向上させるための対策を検討してください。

●噴煙、噴石、火山性ガス、火山灰の到達距離について

これらは、火山の活動の性質や噴火の規模、気象条件などによって異なります。

小規模な火山噴火の場合、**噴煙**は火口から数キロから数十キロの範囲まで到達することが一般的です。しかし大規模な爆発的噴火ともなると、**噴煙柱は30キロを超える高さ**に達し、成層圏に運び込まれた大量の火山灰が地球を周回し、日射を妨げて、世界の気温を下げることもあります。１００万人以上もの餓死者を出

した天明年間の大冷害は，浅間山の大噴火（1783年）が一因となったのです。

噴石は、噴煙とともに噴出される大きな岩の塊です。小さな噴石は通常、数百メートルから数キロの範囲に到達しますが、**大きな噴石は数十キロ以上の距離を飛ぶ**ことがあります。ただし、大部分の噴石は火山の近くに降下し、遠くの地域まで到達することは比較的まれです。

火口から放出される気体の大部分は水蒸気ですが、二酸化炭素、二酸化硫黄、硫化水素，塩化水素など、人体に有害な**火山性ガス**も含まれます。

火山性ガスの到達距離は、一般的には数十キロから数百キロの範囲といわれています。特に風下の地域で、火山性ガスが人々や生態系に影響を与える可能性があります。これらの火山性ガスは空気よりも重いので、谷底など地形の低所に滞留して人命を奪うケースさえあるのです。

2000年から始まった三宅島・雄山の噴火では、高濃度の二酸化硫黄ガスの噴出が続いたため、全島民が長期間の島外避難を余儀なくされました。

火山灰は、噴火時に火山から放出される微小な岩石片やガラス状の粒子です。

火山灰は、軽い場合には数十キロ以上の距離まで到達することがありますが、重い場合には数キロ程度までしか到達しないこともあります。

火山灰は特に**交通インフラに重大な影響**を及ぼします。噴火するとすぐに航路が止まってしまいます。ジェット機のエンジンが火山灰を吸い込んで故障するのと、降灰で視界が悪くなるためです。降灰が始まるのは噴火後30分から1時間ですが、火山灰がわずか0・5ミリ積もっただけで鉄道がストップします。さらに道路への降灰が10センチを超えると車も走れなくなってしまいます。

細かい火山灰や隙間が多くて軽い軽火山石片は、上層の風に乗って遠方にまで運ばれ、広範囲に降下・堆積します。日本のような偏西風地帯では、降灰域は火口から東に向かって細長く伸びます。富士山の「宝永の噴火」（１７０７年）では、火山灰が南関東一円を覆い、富士山東麓で数メートル以上、江戸でも約５センチ積もりました。降灰の堆積は農作物にも広範囲にわたって被害をもたらします。噴火のあとに雨が降ると、火山灰は湿って重くなり粘りを増すので、植物は倒れたり呼吸を妨げられて枯死したりするのです。

●もし富士山が噴火したら何が起きるか

5600年前からの富士山の噴火回数は180回以上。実に**30年に一度は噴火**していたのです。世界的にも有名な、富士山の美しい末広がりの山容は、度重なる噴火で溶岩などの火山噴出物が何重にも重なってできたものです。富士山が最後に噴火したのは今から約300年前の「宝永の噴火」ですが、**長い休止期間を経た火山はマグマが溜まり、噴火が大規模になりがち**であるというデータもあります。

富士山の噴火によって大量の火山灰が空中に放出されると、上空20キロまで噴き上げられ、風に流され広がってゆきます。家屋の屋根に大量に積もると、その**重みで倒壊する家**も出てきます。湿った火山灰は電気を通すため、送電線などに付着すると**停電の原因**となります。噴火から数時間後には東京に到達し、降灰によって首都圏を含む**火力発電所が停止**する恐れが生じます。東京都の降灰予測が10センチと考えると、首都圏の電気が止まる危険性が高いと認識しておきましょう。

噴火によって溶岩や岩石が崩れ落ち、山腹を下りながら高速で流れる**火砕流**が発生する可能性があります。火砕流は非常に破壊的であり、周辺の集落やインフラに大きな被害をもたらします。さらに噴火によって前述の火山性ガスが大気中に放出される可能性が高く、これらのガスは有毒であり、高濃度の場合は人々の健康に影響を及ぼすことがあります。

富士山の噴火によって、周辺地域に震度の大きい地震が起こる可能性も高いでしょう。

富士山は日本を代表する観光名所の１つであり、外国人を含め、多くの観光客が訪れています。噴火が発生すると、観光業にも多大な打撃を与え、収入の減少や関連産業への影響が予想されます。

現代を生きる誰も経験したことがない富士山噴火に対しても、最低限の備えを怠らないようにしたいものです。

●火山周辺に住む人たちの知恵

火山周辺に住む人々は、長年にわたって自然の力と火山活動との共存を学び、さまざまな知恵を持っています。噴火の危険をかえりみず、人々が火山周辺に住む理由は、**火山灰からなる土壌が肥沃で農業に適している**こと、**新鮮な水や温泉に恵まれている**ことなど、実はメリットも多いからです。

昔から火山周辺のコミュニティでは、代々の住民が火山活動に関する知識や経験を口承で伝えてきました。これらの伝承は、火山活動の予兆や危険な兆候を知るための貴重な情報源となっています。避難経路に関するアドバイスや日頃の備えなどについても、経験豊富なご先祖さまからの教えを受け継ぎ、次世代に伝えることが重要です。

日本には111の活火山があり、気象庁では**「火山防災のために監視・観測体制の充実等が必要な火山」**として、その中から50火山を選定し、24時間体制で観測・監視しています。

第5章

複合災害発生、そのときどうする?

【地震＋火事】首都圏東部で予想される「木密」のリスクとその対応

「複合災害」とは**「複数の災害に同時あるいは連続して被災して、①被害が拡大し、②災害対応の困難性が増す災害事象」**を指します（東京消防庁ＨＰより）。その中で地震＋火事の複合災害の代表例といえる**「木密《もくみつ》」**問題から解説していきましょう。

「木密」は、**都市部における木造住宅密集地域**のことです。

木密地域は、戦後の復興期から高度経済成長期にかけて急速な市街化・高密化が進み、首都圏では山手線の外周部、特に**「下町」**と呼ばれる東部を中心として広範囲に形成されました。現在では狭い敷地に老朽化した木造住宅が建ち並び、減りつつあるものの、その多くは現在の耐震基準を満たしていません。

東京都は平成18・19年に算出した土地利用現況調査により、**「不燃領域率」60％未満**

の地域を「木密」に指定しています。不燃領域率とは**「市街地の燃えにくさ」**を表す指標で、建築物の不燃化や道路、公園などのオープンスペースの状況から算定され、これが**70％を超えるとその市街地の延焼による焼失率はほぼゼロ**となるそうです。

「木密」は耐震性の低い住宅が多いため、大地震に見舞われた際に数万人規模の被災者が出るのは明らかです。また、首都直下型地震が起きた場合に火災が発生するリスクも非常に高く、万一家屋が倒壊したら道が狭いため、**消防車や救急車などの緊急車両の進入が困難**になります。さらに木密地域の居住者には高齢者が多く、避難活動の遅

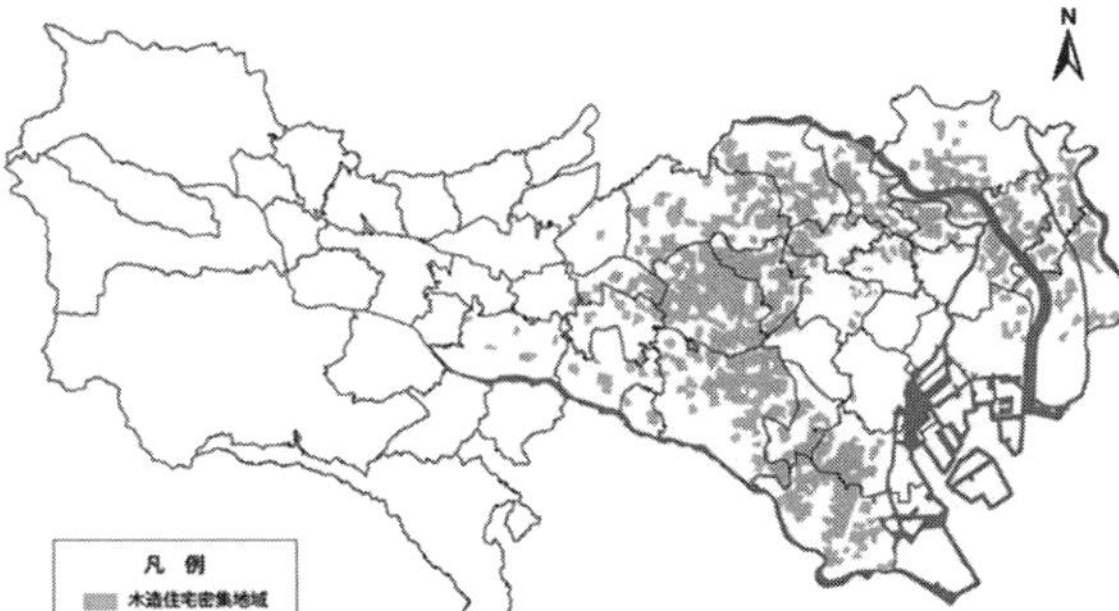

木造住宅密集地域分布図（出典：東京都都市整備局 HP）

れも指摘されています。

東京都では1995年の阪神・淡路大震災を機に策定した「防災都市づくり推進計画」の取り組みの一環として、木密地域の中でも特に大きな被害が想定される地区を「整備地域」と定め、**①延焼遮断帯の形成、②安全な市街地の形成、③避難場所等の確保**を基本的な考え方として、区に対して財政的・技術的な支援を行なってきました。


さらに、東日本大震災の教訓や首都直下型地震の危険性を踏まえて、木密地域の改善を加速するため、2012年に**「木密地域不燃化10年プロジェクト」**を立ち上げました。このプロジェクトは2021年にいったん終了しましたが、2025年度までにすべての重点整備地域の「不燃領域率」を70%にすること、および、災害時の延焼遮断に効果を有する都市計画道路**「特定整備路線」**を全線整備することを目標に、取り組みを5年間延長しています。

木密地域に住み続けるためには、家屋の耐震化工事や火災のリスク軽減のために**建物内外の防火設備や消火設備の設置、防火性の高い建材を使用する**ことなどの検討が必要です。

東京都は老朽住宅の解体・建て替えなどについて財政支援を行なってきましたが、住民の高齢化や不動産の複雑な権利関係が原因で不燃化が進まない地域もあります。

下町のコミュニティや歴史を保っていきたいという住民や商店主の思いと、防災対策を両立させていくことが、今後も課題となっていくでしょう。

【地震＋豪雨】増える土砂災害、降雨量の増加だけではない理由

日本では年々、土砂災害が増加しています。その原因には降雨量の増加だけでなく、さまざまな要因があります。

まず都市化や農地の開発など、**土地利用の変化**が土砂災害のリスクを高めています。建設や開発によって地表の植生や土地の凹凸が変化し、**水の浸透性が低下**します。**地盤の傾斜や地層の安定性の問題**が土砂災害を引き起こす要因となっています。

近年は集中豪雨がより頻繁に発生しています。短時間のうちに大量の降水に見舞われると、**地表の保水能力**が追いつかず、土砂災害が引き起こされるのです。

河川の変化も土砂災害に影響を与えます。河川の適切な管理や保全が行われていない場合、河川の氾濫や堆積物の流出が起こり、土砂災害が発生する可能性があります。

これらの土砂災害が地震＋豪雨を契機に発生するケースもあります。そうなると避難行動や復旧活動は困難を極めます。また地震で家屋が倒壊したところに豪雨が襲ってきたら、家財は全滅になってしまいます。

震度7を記録した2004年の新潟県中越地震は、地震と豪雪による複合災害の典型例とされています。地震で斜面が崩壊したために雪崩《なだれ》の被害が拡大し、雪崩で川がせき止められたことで床上浸水した家屋もあり、積雪によって交通がマヒし、事後の復旧工事に遅れが生じました。

東京消防庁では**「地震＋水害」「地震＋風害」**などの**複合災害**について、どちらが先発または後発かまでを踏まえた、詳しいシミュレーションを策定しています。

【災害＋感染症】コロナ禍前にすでに避難所では感染症が蔓延していた！

避難所には、人々が一斉に集まることから感染症が広がるリスクがあります。特に、過度に密集した環境や、衛生設備が不十分な場合は感染症が蔓延しがちです。

実はコロナ禍前にも避難所ではさまざまな感染症への罹患が報告されていました。主なものでは、**Ｏ１５７などの腸管出血性大腸菌感染症、サルモネラ感染症、ボツリヌス食中毒、ブドウ球菌食中毒、カンピロバクター感染症**などです。

被災者はストレスなどで免疫力が著しく低下するため、避難所では普段は感染しにくい病原体も簡単に広まり、重症化する可能性があります。

インフルエンザウイルスは、空気中の飛沫や接触によって広がります。避難所では多くの人々が密集するため、その中に感染者がいる場合はほかの人に感染させるリスクは高いと言えるでしょう。

ノロウイルスは、飲食物や水、感染者との直接の接触によって広がります。避難所では共同の食事や生活空間が提供されるため、感染のリスクが存在します。

また、風邪やそれに類似した**呼吸器感染症**も、密閉された空間での接触や咳やくしゃみによって広がる可能性があります。

避難所では、感染症に対する予防が重要です。

避難所内での**手洗いや手指の消毒、適切な廃棄物処理**など、衛生管理のルールを定め、徹底する必要があります。定期的な清掃や消毒を行ない、避難所内の環境を清潔に保ちます。

重要なのは**感染症の予防、早期発見と適切な管理**です。避難所の管理者やスタッフは住民の健康チェックや病院との連携を通じて症状のある人々を特定し、必要な医療措置を講じることが必要です。マスク、手指の消毒剤、衛生用品など、感染症の予防に必要な物資を提供し､適切な医療設備や専門家の支援を確保することも大切になってきます。

避難所の住民に、公衆衛生のガイドラインに基づく、感染症の予防と管理に関する正確で信頼性のある情報提供も必要です。

【コラム】原子力災害発生時の正しい対応

●正しい情報の入手の成否が家族の未来も左右する

災害発生時にはたくさんの情報が飛び交います。何の信憑性もない憶測の情報や噂があっという間に広がるのです。SNSは情報の拡散が早いため、被災地や目撃者の情報が瞬時に入手できる利点はありますが、情報の信憑性には注意が必要です。**国や自治体の公式発表や信頼できる報道機関の情報を優先**しましょう。

原子力災害が発生した場合は、まず、テレビ・ラジオ放送やインターネット上などの信頼できる情報源、政府機関や原子力発電所の公式発表などに耳を傾けてください。そして情報の正確性を確認するために、**複数の情報源を参照する**ようにします。

国や地域の原子力規制機関や政府関連のウェブサイトは、原子力災害に関する正確で最新の情報を提供しています。例えば日本では**原子力規制委員会**（Nuclear Regulation Authority）や**経済産業省**などが関連情報を提供しています。また、国際的な原子力情報を提供する**ＩＡＥＡ（国際原子力機関）**のウェブサイトは、原子力災害に関する包括的な情報源です。ＩＡＥＡは、原子力の安全性と保護に関する国際的な基準を決めています。原子力災害では放射線のレベルが重要な指標となります。

被災地周辺や避難区域内の放射線の測定結果は公開される場合がありますので、これらの情報を確認することで原子力災害のリスクを正しく評価することができます。

そして、**政府や地域の指示に従って、速やかに安全な場所へ避難**しましょう。指示された避難ルートや避難場所を必ず厳守してください。

避難指示が発令されていない場合や屋外に出ることが危険だと判断した場合は、建物内に避難しましょう。**建物の中に入り、窓やドアを閉め、エアコンや換気扇を停止する**ことで、外部からの放射線の侵入を最小限に抑えます。外部に出る必要がある場合は、放射線から身を守るために、できる限り身体を保護しましょう。帽子やマスク、手袋、長袖の衣服などを着用し、**外気に触れる部分を極力少なくしてください**。

放射性物質の汚染が疑われる場合は、**飲食物や水を適切に処理**しましょう。水道水が安全かどうかを確認するため、国や自治体、メディアの情報を参照し、ボイリングや浄化装置を使用して処理することを検討しましょう。

放射線の被ばくによる健康への影響を感じた場合は、早急に医療機関を受診しましょう。医療専門家の指示に従って治療を受けることが重要です。

最も重要なことは、**情報を確認する際に、公的な情報源から正確な情報を得る**ことです。また、災害時にはパニックを避けるために、冷静な判断・冷静な行動を心がけましょう。

原子力災害は心理的なストレスを引き起こすことがあります。家族や地域のサポートを受けたり、心理的な援助を求めることも大切です。

第6章

災害弱者のための危機管理術

小さな子どもがいる家庭の「生活防災」

日本各地で発生する地震や風水害などへの懸念。特に不安を感じているのは小さなお子さんや、乳幼児のいるご家庭ではないでしょうか。災害はいつ起こるかわかりません。普段から家族全員で避難計画を作成し、地震や火災などの災害に遭遇したときに、どのように行動するかを確認しておきましょう。

家屋内の安全な場所を子どもに伝えておきましょう。地震が起きたらすぐに机の下や壁の隅に身を隠すことをしっかり教えておきます。また、大型テレビやタンスなどの家具の転倒防止対策やコンセントカバーをつけるなど、いざというときのために、子どもの安全を確保しておくことも「生活防災」の心がけとして大切です。

日頃から災害に備えて、非常食と水を備蓄しておくことはマストですが、避難グッズの中に**子どもが食べられるような栄養価の高い食品**を確保しておきましょう。

被災時の食事は単調になりがちです。子どもがおいしく食べられるよう、**備蓄品をか**

け合わせて工夫しましょう。例えば、「アルファ化米」を戻すときに、水やお湯の代わりにジュースを使ってもごはんを作ることができます。非常時の食事はどうしても野菜不足になりがちなので、野菜ジュースでごはんを作れば、「野菜リゾット」になり、不足しがちなビタミンを摂取できます。牛乳で戻せば、「ミルク粥」にもなります。断水で水を節約したいときにも、こういう工夫が活きてきます。

乳児や幼児がいる家庭では、非常用持ち出し袋に**おむつやおしり拭き、着替え、ブランケット、子ども用口腔ケア用品、ビニール袋、常備薬、母子健康手帳のコピー**などを入れておきましょう。子どもの**お気に入りのおもちゃや絵本**も入れておくと、避難所でのストレスを和らげることができます。

また、乳児を母乳哺育しているお母さんは、被災時も平時と同様に母乳で授乳を続けられるのがいいのですが、慣れない避難生活の中で母乳が出ないことがあるかもしれないためミルクセットを用意しておくと安心です。お勧めしたいのが**乳児用液体ミルク**。液体ミルクは調乳済みのミルクで常温保管が可能なうえ、調乳の必要がなく、哺乳瓶に移し替えるだけで赤ちゃんに与えることができます。

国内で乳児用液体ミルクの製造発売がスタートしたのは2019年なので、欧米に比べると歴史は浅く「本当に安全なの？」「粉ミルクで十分では？」と思うお母さんも多いことでしょう。

実は、日本で液体ミルクの存在が一躍注目を集めたのは2016年4月、熊本地震のときでした。ライフラインが停止し、お湯どころか水の確保さえ難しい環境の中、フィンランドから支援物資として乳児用液体ミルクが送られてきたのです。

「お湯がない場所でも与えられる」「常温で保管できる」「衛生面でも安全」という液体ミルクは被災地で大活躍しました。

災害時、子どもとはぐれてしまった場合を想定して、子どもが緊急時に自分自身を識別してもらえるように、**名前や住所を覚えること**も練習しておきましょう。**家族写真を用意しておき、裏に住所・電話番号（自宅・携帯・メール）・保険証番号をメモ**して子どものリュックに入れておきます。定期的に避難訓練を行ない、子どもに避難所での振る舞いやルールも教えておきましょう。

また、避難所のほかに、別の集合場所も決めておくとよいと思います。公園や役所、大きな駐車場など、家族全員が知っていて、迷うことなく簡単にたどり着ける場所を決めておきましょう。

災害用伝言ダイヤルは「**１７１**」をプッシュすることでつながる、災害時にメッセージを残せるダイヤルです。被災地の固定電話や携帯電話の番号を宛先として登録すれば伝言を残すことや聞くことができます。パソコンやタブレットからも利用できる災害用伝言板（ｗｅｂ１７１）もあります。そのときどきの状況で使い分けるといいでしょう。

避難所では小さなお子さんに対して「**日常**」**となるべく近い状態**にしてあげるため「**遊び**」を取り入れています。避難所に遊び道具を持ち込むことを不謹慎とは思わず、キャッチボールができるボールや簡単な遊具、女の子にはお気に入りのぬいぐるみなどを持たせてあげることが精神の安定につながります。心的外傷後ストレス障害（ＰＴＳＤ）を防ぐために、専門医が来たら遠慮せずに相談することも大切です。

災害発生時の子どもへの正しい対応

もしも、子どもといるときに災害が起こった場合は、何よりも落ち着いて行動することが一番重要です。**子どもは大人の反応を見て学ぶため冷静な態度で行動し**、パニックを起こさないように心がけてください。次に、子どもたちを安全な場所で過ごさせることを考えましょう。

正確な情報を入手して、自宅待機または安全なルートで避難所に移動させましょう。子どもたちが適切な保護を受けられることを第一に考えてください。

子どもが不安や恐怖を感じていないでしょうか？　彼らの感情を受け止め、話を聞いてあげましょう。**子どもの不安に共感し、安心感を与えることが重要**です。突然の災害に見舞われた場合、大人であっても身体面・精神面の健康に大きな影響を受けますが、子どもたちはそれ以上に不安や混乱を感じやすいのです。子どもたちは家族との絆や安心感を求めるものです。避難先では、子どもたちが家族との接触を保つことができる環境を整えるようにしましょう。

最も重要なのは、**愛情とサポートを惜しみなく提供すること**です。

大規模な災害が起こったときの子どもたちの反応は、年齢や発達段階によってさまざまです。中には反応が表面に出ない子どももいるでしょう。

乳幼児には起こっている事態がよく理解できないと思いますが、それでも何かしら尋常ではない事態が起きていることを感じ取って、小さな反応を見せているかもしれません。

元気がなかったり、興奮しやすかったりなどということも、反応の１つでしょう。食欲不振や喘息、アトピーなどのアレルギー、寝つきの悪さなどの身体症状が出ることもあります。こうした反応には年齢によって現れやすい特徴があります。

乳幼児（０～５歳）

乳幼児は何が起きているのかは理解できていないでしょう。しかし、漠然とした不安を感じています。なんでもないことで怖がるようになり、保護者にしがみついて離れなくなったりすることもあります。睡眠や食事に変化が起こったりもします。幼児は、おねしょや指しゃぶりのような〝赤ちゃん返り〟をしたりすることがあります。

学童期前期（6歳〜9歳）

事態をちゃんと理解して推測できるようになっています。大人が想像するより思考能力もあり、創造的な考え方もできるようになっています。ただ、悲惨な出来事が起こったのは自分のせいだと思い込んだり、現実にはないことを言い出すことがあります。

学童期後期（10〜12歳）

起きた出来事を理解していて、災害について繰り返し話したりすることがあります。それをやめさせたくなるかもしれませんが、子どもにとっては自然なストレス対処法でもあるので、止めずに見守りましょう。

思春期（13歳以上）

事態の深刻さを、他者の視点からも理解できるようになり、強い責任感や罪悪感も見られる年齢です。虚無感に襲われて自滅的な行動を取ったり、他者を避けるような行動を取ることがあります。子どもによっては攻撃的になったり、保護者や先生などに反抗的になり、社会に適合するために仲間を頼るようになる傾向があるようです。

災害によって日常が奪われてしまった子どもたちのために、**心のケア**をしてあげなければいけません。子どもの求めていることを、まわりの大人たちが可能な限り叶えてあげることが大切です。特に大事なのは以下の2点です。

安心感を与えること

子どもに寄り添って、言うことに耳を傾け、できるだけシンプルな言葉で、穏やかに正直に応えることが、子どもたちの安心感につながります。

日常を取り戻してあげる

日常の行動、食事や睡眠などを、可能な範囲で普段通りにできるようにサポートしてください。普段の習慣を保つことは、子どもを安心へと導きます。

高齢者や病人がいる家庭の「生活防災」

子どもがいる家庭での「生活防災」と同じように、高齢者や病人がいる家庭の「生活防災」も非常に重要です。**高齢者や病人の方々も災害時に被害を受けやすい**からです。

力が弱かったり、身体的に不自由な部分があったりすると、ちょっとしたことで転倒したり、ケガを負うリスクは高くなります。住んでいる家屋の安全対策は必ず行なっておいてください。**手すりの設置や床のすべり止め、家具の固定**などから始めましょう。窓ガラスには**飛散防止フィルム**を貼っておきましょう。

また、万が一、家具や家電製品が倒れた際に逃げ道をふさぐことがないように、配置に関しても見直しておく必要があるでしょう。

避難所での生活は、慣れない環境のため心身への負担が大きいものです。高齢者や病人を抱える家庭は自宅の建物が安全であれば、なるべく**自宅避難を基本**に考えましょう。

しかし、被災時、家の中にモノが散乱した状態では自宅避難が難しくなります。家屋の安全対策は地震の揺れによるケガを防ぐだけでなく、自宅避難の負担を減らすためにも重要なのです。

災害発生時には日常生活に必要なものが入手困難になります。食料、水、薬品、衛生用品などの備蓄を行ない、定期的に点検・更新しましょう。特に、**病人の方々に必要な医療品や特殊な食事制限に対応するための食料**の備蓄が不可欠です。

ガスや水道などのライフラインが寸断される可能性が高いので、被災で気がめいっている心を落ち着かせるために、**高齢者には温かい食事を取れるような備え**をしておきましょう。カセットコンロで温められるレトルト食品やインスタントみそ汁などを用意しておくことがお勧めです。

ただし、災害時には避難が必要になる場合がもちろんあります。高齢者や病人のために、**バリアフリーの環境が整った避難場所や医療機関の近くの避難場所**を調べておくことが重要です。避難場所や避難経路を事前に伝えておき、予行練習も行なっておきましょう。そして、災害発生時にどのような行動を取るかを話し合っておきましょう。

備蓄品の一部を非常用持ち出し袋に入れておけば、避難する場合に速やかに行動できます。**とろみ剤や栄養剤、老眼鏡や入れ歯洗浄剤**なども入れておくと安心です。**健康保険証、お薬手帳や杖**などもわかりやすい場所に置いておきましょう。

また、災害時には介護サービスや病院での診察が受けられないという事態が起こります。その場合、どう対応したらいいかを事前にケアマネジャーや主治医などと相談しておきましょう。

高齢者や病人が1人で災害に対応するのは非常に難しいことです。**普段から地域の人々との連携を図る**ことで、支援を受けることができます。ご近所の人と互いに見守る関係性を作っておくことを心がけましょう。また、地域の災害支援団体やボランティアの活動にも積極的に参加することで情報を共有し、地域で孤立しないような工夫が必要です。

住み慣れた自宅を離れて避難生活に入ると、ストレスで精神的に参ってしまうだけでなく、持病の悪化や認知症の進行を招く可能性もあります。災害は、特に高齢者や病人にとって心身に負担をかけるものです。いざというときに先立って、**メンタルヘルスケアや心の準備**を行ない、被災後には必要な支援を受けることが大切なのです。

災害発生時の高齢者などへの正しい対応

２０１１年の東日本大震災以降、日本全体が地震の活発期に入って、２０２２年以降も福島や岩手など震度５以上の地震が相次いでいます。さらに、毎年のように台風や豪雨による水害や土砂災害などが発生し、日本中に大きな被害をもたらしているのです。

東日本大震災では、被害が大きかった岩手、宮城、福島の３県での死亡者は１万５８２１人（２０１５年３月11日時点）にのぼり、そのうち**60歳以上の高齢者が１万３９６人と約66％**を占めました。

災害発生時には、高齢者や弱者に対する正しい対応が非常に重要です。

避難情報は**５段階の「警戒レベル」**で伝えられます。

高齢者や障がいのある方など、避難に時間がかかる人は、**警戒レベル３「高齢者等避難」**が発令されたら、速やかに安全な場所へ避難しましょう。

高齢者は身体的な制約や認知機能の低下があるケースが多く、災害時の避難や行動が難しいことがあります。介護が必要な高齢者の場合は、災害時に自力で避難ができない方も多く、逃げ遅れてしまう可能性もあります。

また、自力で避難ができる方でも長距離の移動が困難だったり、避難途中で転倒してしまうケースなども考えられます。

地域や自治体には高齢者向けの避難計画を策定し、避難場所や避難経路の情報を普段から提供しておくこと、適切な情報提供手段（電話、ラジオ、テレビ、インターネットなど）を用意し、高齢者に情報を速やかに提供できる体制作りが望まれます。

5段階の警戒レベル

警戒レベル	避難情報	住民が取るべき行動	情報発信源
5	緊急安全確保	命の危険 ただちに安全確保！	自治体が発令
警戒レベル４までに必ず避難！			
4	避難指示	危険な場所から 全員避難	
3	高齢者等避難	危険な場所から 高齢者等避難	
2	大雨・洪水・ 高潮注意報	自らの避難行動を確認	気象台が発表
1	早期注意情報	災害への心構えを高める	

2021年5月から「避難勧告」は廃止され「避難指示」に一本化された

特に一人暮らしをしている高齢者は、普段情報を得ている手段が使用できなくなると強い不安感を抱いてしまいます。日常的なご近所同士のコミュニケーションや地域ネットワークの活用を通じて、高齢者が孤立せずに安全な環境で過ごせるようにしておくことが大切です。

高齢者には、特別な介護や医療のニーズがある場合もあります。避難所に高齢者のための特別なスペースや施設があるか、医療スタッフや介護スタッフは十分か、また、高齢者の身体的な制約に配慮したバリアフリーの環境は整っているかなど、日常生活のサポートができているかを確認しておきましょう。

医薬品の提供、電動車いすや特別な介護用品の提供なども重要です。慢性疾患や薬物治療を必要としている高齢者もいるでしょう。災害時には、医療機関や薬局の機能がマヒすることがありますので、適切な医療・薬剤の提供体制を整える必要があります。特に、重篤な疾患を抱える高齢者に対しては、優先的に医療措置を行なうことが重要になります。

また、災害時には必要に応じて**「福祉避難所（二次避難所）」**が開設されます。福祉避難所とは、高齢者や障がいのある方など特別な配慮を必要とする人を対象とした避難所です。ただし、受け入れや運営体制が整ったあとに順次開設される二次的な避難所であるため、**災害発生当初から利用することはできません**。災害が発生した直後は、まず指定の避難場所へ避難しましょう。

高齢者は環境変化が大きな負担になりやすく、心が深く傷ついてしまうことがあります。それまで暮らしてきた物的・人的環境から離れ、新たな環境での生活による身体的・精神的・社会的な痛手のことを、**「リロケーションダメージ」**と呼びますが、高齢者が災害で避難所生活を強いられたときにも同じような症状が見られます。**不安や混乱・不穏や興奮・不眠・うつ症状**などです。

また、認知症の方は**せん妄状態**になったり、症状が悪化したりすることがあります。周囲の方は小さな変化に気を配りましょう。孤独にならないように環境を整え、他人との交流を保ち、安心感につなげてあげましょう。

自分が住んでいる自治体の対応を把握しておく

災害時の自治体の対応は、地域によって異なります。自身の住んでいる自治体の公式情報源や災害対策に関するウェブサイトを確認しておくことが大切です。

各自治体のホームページ上に、防災に関する情報が公開されているほか、自治体や町内会などから発行される広報誌、例えば**「市政だより」**や**「回覧板」**などにも、防災に関する取り組みや防災訓練に関する情報などが掲載されているはずです。最近では、TwitterやFacebook、LINEといったSNSを用いて情報発信を行なっている自治体も少なくありません。

また、国土交通省が管理する**「防災ポータル」**からは、地方整備局・地方運輸局・都道府県等による地域の情報を見ることができるほか、日頃から知っておくべき情報や、被害状況や気象状況といった、災害時に確認すべき情報を検索することもできます。

避難場所や避難経路について詳細に提供されているかどうかを確認しておきましょ

う。なぜなら、その情報に沿って災害時の行動計画を作成しておくことが重要になるからです。

また、自治体は災害時に連絡が取りやすいような非常用の連絡先を提供しています。緊急連絡先や災害相談窓口の電話番号などをメモしておくことが、いざというときに役立つでしょう。

災害発生時に自治体は避難所や物資支援などのサポートを提供します。サポートに関する情報や手順について把握しておくといいでしょう。

災害が発生すると、自治体は**「緊急事態宣言」**や**「避難指示」**を発令します。これは、住民に対して災害の危険性や避難の必要性を伝えるための措置です。

皆さんは**「避難勧告」**という言葉のほうがなじみがあるかと思いますが、「避難勧告」は、２０２１年の災害対策基本法改正によって廃止となり、「避難指示」に一本化されました。**「避難情報に関するガイドライン」**では、**「避難指示」が発令されたタイミングで、該当地域にいる人々が危険な場所から全員避難する**ことを基本としています。

ほとんどの自治体は、住民に対して緊急時の連絡手段や情報提供方法を確立しています。例えば、防災行政無線や災害対策アプリを通じて、災害情報や避難所の情報を提供します。

さらに、災害時には避難所を設置します。避難所は、災害からの避難場所として利用され、食料・水・医療などの必要な支援が行なわれます。自治体は避難所の管理や運営を担当し、住民の避難生活を支援するのが責務です。避難所につきましては、次章で詳しく説明します。

自分の住んでいる自治体の災害対策を確認しておくことが、いざというときに役に立ちます。これも「生活防災」の1つです。

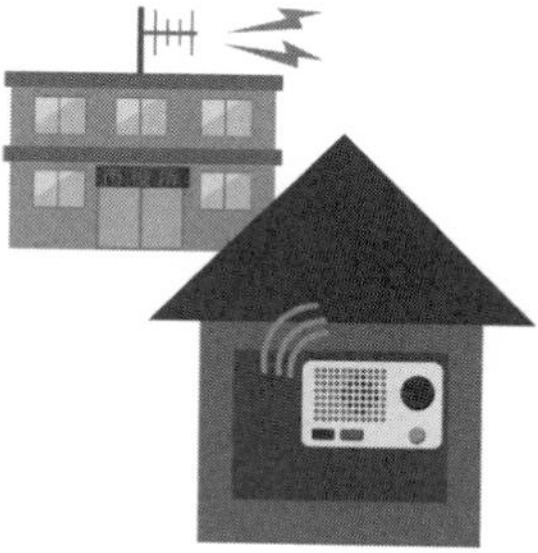

第7章

避難生活、そのときどうする?

避難所とはどんなところ?

避難所は、緊急時や災害時に避難するための施設や場所のことです。

自然災害や戦争、原子力災害などの緊急事態が発生し、地域の住民が安全確保のため、自宅で生活ができなくなった場合、一時的に滞在・宿泊することが可能な施設を指します。**避難場所**とは役割が異なります。

一般的に、避難所は公共の建物や施設を使用して設置されます。具体的な避難所の場所は地域によって異なりますが、**学校、体育館、公民館、寺院、教会、コミュニティセンター**などがよく利用されます。また、大規模な災害が発生した場合には一時的な**「指定緊急避難所」**が設けられ、まずこの「指定緊急避難所」に避難することが求められます。「指定緊急避難所」の場所は、第2章でご説明した、自治体のHPや国土地理院が提供している**「重ねるハザードマップ」**で確認できます。

地震の直後や水害の浸水から逃げる場合は、まず「指定緊急避難所」を目指すことになるのですが、実はこれらは災害の種類によって開設場所が変わります。例えば、洪水と地震とでは避難する「指定緊急避難所」は次のように別になるのです。

・**地震→壊れない強固な建物。モノが落ちてこない広場。**
・**水害→浸水しない高台。高い建物。**

ですから、災害別の「指定緊急避難所」の場所を確認しておくことが大切になります。

被災者の避難生活が長期にわたることになると、**「指定避難所」**が開設され、そこに移ることになります。テレビのニュースなどでよく報道されるのが、このタイプです。「指定避難所」では、避難した住民を危険性がなくなるまで必要な期間滞在させたり、災害のために家に戻れなくなった人たちを一時的に滞在させることを目的とした施設で、自治体によって指定されます。通常は学校や公共施設、体育館、市民センターなど広いスペースを有する建物が選ばれます。これらの場所は、多くの人々を収容することができ、事前に必要な設備や物資が整えられています。

避難所では、基本的な生活必需品や支援が無償提供され、避難者の安全と秩序を維持するために、管理者やボランティアも配置されます。ただし**避難所は一時的な滞在場所**であり、災害が収束し、住民の安全が確認されると、自宅や安全な場所へ戻ることが求められます。

最近の避難所では、より安全で快適な環境の提供や災害時の円滑な避難・救援活動の強化に向けた取り組みが進んでいます。**民間企業やボランティア団体が提供する避難所**も増えています。これにより、地域の多様なニーズに対応できるようになりました。

例えば、人々ができるだけ快適に過ごせるように、十分なスペースやベッド、いす、トイレ、シャワーなどが設置され、衛生的な環境が整う場所も増えてきましたが、まだまだ不備なところのほうが多いようです。一部では人々が情報を得る手段、ラジオ、テレビ、インターネットなどで、災害の最新情報や避難者への指示も提供されています。心理的なサポートとして、**カウンセリングの提供**もされるようになってきました。

さらに、**家族とペットが一緒に過ごすことができる避難所**もあり、ペットとの絆を保つためのスペースやルールも設けられたりしています。

また、ＩＣＴを活用して避難所の運営を支援する取り組みが進んでいます。ＩＣＴとは情報通信技術のことで、コンピュータ、インターネット、通信ネットワーク、ソフトウェア、ハードウェア、データベースなどの要素の技術の総称で、さまざまなものをネットワークにつなげて迅速に情報の伝達、共有を行なうためのものです。避難者情報の収集・管理、避難所の状況の共有、救援活動の調整などにＩＣＴが活用され、効率的な情報共有と迅速な対応が可能になっています。

障がい者や高齢者のための避難所として**「福祉避難所」**があることは、先に述べた通りですが、妊婦さんや持病がある方なども対象となります。**入院までは必要のない状態であること**が条件になっています（介助者・家族も1名程度可能）。

２０２１年5月のガイドライン改定で「福祉避難所」への避難方法が変わりました。指定の施設に**「受け入れ対象者」**として事前登録していることが条件になります。

もし、病院などかかりつけの施設があれば、「受け入れ対象者」になれるかどうかを確認しておきましょう。

コロナ以降に激変した避難所環境

過去の災害でも、避難所で多くの感染症患者が発生した例のあることは前述した通りです。

しかし、今回の新型コロナウイルス（ＣＯＶＩＤ－19）パンデミックの影響により、避難所環境は根本から大きく変わりました。その筆頭は感染症の予防と拡散防止策を何よりも最優先に考えるようになったことでしょう。

手洗い場や手指消毒用品の提供、定期的な清掃・消毒、適切な換気などが強化され、避難所内での**マスクの着用やソーシャルディスタンス**の確保なども重視されるようになりました。毎日の体温・体調確認も求められています。発熱者およびその濃厚接触者は専用スペースに隔離し、専用のトイレ、浴室等を設置します。

避難所内では、適切なスペースとプライバシーの確保が求められ、感染症対策として

占有スペース間の距離を広めに取る（1メートル以上空けることを推奨）、**世帯別にスクリーンやパーテーション**、**簡易テントを設置**する、飛沫感染を防ぐために**食事は占有スペース内でとる**などの措置、床で寝る「雑魚寝《ざこね》」は感染リスクが高まるとして、ダンボールベッドなどの簡易ベッドで**床からの距離を確保する**、**通路を一方通行にする**、**入り口と出口を分ける**など、できる限り通行者がすれ違わない工夫も求められています。

そして、避難所の人数制限などが厳しく徹底されるようになりました。

大規模な避難が必要な場合には、**避難者の分散**が図られるようになりました。複数の施設や一時住居が用意され、収容者数を制限することで密集を避けるためです。避難所自体も、感染リスクの低い施設や十分なスペースを確保できる場所を選定するようになり、地域の防災計画の見直しや避難所の拡充、代替施設の検討などが進められています。

テクノロジーの活用も進んでいます。近年の技術の進歩により、避難所ではオンラインサポートや情報提供が行なわれています。例えば、避難所の利用者が**オンラインで医療相談**を受けたり、避難所内の情報を確認したりすることが可能になっています。また、一部の避難所では**テレビ会議やオンライン教育**、**専門家やボランティアによる心理的な**

サポートやカウンセリングの提供なども導入されています。

その場合、共有のパソコンを使用するケースもありますが、順番を守った使用、定期的な消毒・清掃が欠かせません。テレビ、ラジオ、携帯電話の充電器などほかの共有物についても同様の配慮が必要になります。

地域の自治体や保健当局は、避難所の環境を最新のガイドラインに基づいて適応させるよう努めています。具体的な避難所の環境に関する情報を入手するには、地域の公式情報源や関連機関にあたってください。

避難所

広域避難場所

津波避難場所

津波避難ビル

避難生活の初期に困ること

避難生活の初期には、さまざまな困難に直面することがあります。

まず、避難所や一時的な居住施設に到着した際に、必要な物資が不足している可能性があります。**食料、水、衣類、ベッド、医薬品などの供給に遅れ**が生じていることがあるからです。また、それらの分配の問題も起こりやすいでしょう。

災害や避難の影響で、**電気、水道、通信などの基本的な生活インフラが一時的に喪失**します。情報の制約やコミュニケーションに困難が生じて、インターネットや電話のアクセスが制限される場合もあります。地域の支援団体や関係機関が提供する情報ポイントや連絡窓口を利用しましょう。また、地元のラジオ局やテレビ局からの情報提供に注目し、最新の情報を入手することが重要です。

コミュニケーションの手段としては、家族や友人との連絡を取るための非常用の連絡手段（無線機やＳＮＳアプリなど）を用意しておきましょう。

避難生活の初期段階では、災害の状況や復旧計画に関する必要な情報を入手する手段が制限されているため、不安や混乱が生じやすくなります。自宅を追われ、不慣れな環境や制約された条件で生活しなければならないことによって、心身に負担がかかりストレスが溜まります。

しかし、避難所や仮設住宅で、心理的なサポートが提供されていることもあるのは、前述の通りですので、心理カウンセリングやグループセッションなどを利用して、自分の感情を共有し、ほかの人々とのつながりを築くことが大切です。また、ストレスを軽減するために、リラクゼーションやメディテーションの方法を学んだり、身体活動や散歩などの運動を取り入れることも有効でしょう。

避難所生活では、トイレを我慢して**便秘**や**膀胱炎**になったり、食事や水分の摂取を控えると避難所で最も起こりやすい**エコノミークラス症候群（血栓症）**にかかりやすくなります。そのほかにも、**脱水症状**、**脳梗塞**、**心筋梗塞**などのリスクを負ったり、空調設備が整っていないことによる、**熱中症**の危険性などが考えられます。また、２０１６年の熊本地震では、避難所のおにぎりが原因で**食中毒**が発生し、21人が入院しました。

さらに、密集した環境で大人数が暮らす避難所は、新型コロナウイルス感染症はもちろん、インフルエンザなどの感染リスクが高まることは第5章で触れました。２０１１年の東日本大震災では、岩手県内の避難所で数十人がインフルエンザを発症。２０１６年の熊本地震では、南阿蘇村の避難所でノロウイルスが検出され、14人が病院に搬送されました。

本当に避難が必要な人のスペースが圧迫され、必要以上の密状態を作り出さないためにも、**可能な限り「自宅避難」を鉄則にする**のはこのような理由からです。

いずれにしても、被災者側も管理者やボランティアの方たちに協力し、コミュニケーションを取って作業を分担したり、手助けをしたりすることで、避難所での問題を軽減する努力が必要でしょう。お互いを思いやる気持ちが一番大切です。

自宅避難が可能な準備とは

自宅避難とは、非常時や自然災害などの緊急事態において、自宅で自分と家族の安全を確保して待機することですが、その大前提として**「自宅が安全である」**ことが不可欠です。

無理やり自宅で待機することが最善ということではありません。しかし、自宅避難には、外部の危険や混乱を避けることができること、経済的、精神的な安心感などの利点があります。適切な準備と対策を講じて自宅避難できるようにしておくことは、身の安全を確保するために大切なことなのです。

まず、自宅避難を行なうためには、**安全で堅固な住居が必要**です。建物自体に耐震や防災対策が十分に施されていることが必須となります。

自宅の耐震性や防災対策を点検し、必要に応じて補強工事を行ないましょう。普段から屋根や壁の傷み、窓ガラスの状態などをチェックし、必要な修理や補強をしておくことも「生活防災」の心がけの1つです。家具の固定、緊急時に使用するための非常口の確保なども同時に行なっておきます。

長期間自宅で過ごす可能性がある場合、**非常食の備蓄**が重要です。栄養価の高い非常食や保存が利く缶詰、ドライフードなどを用意しておきましょう。第2章で「3大備蓄」としてご説明しましたが、飲料水も必要な量を備蓄しておくことが重要です。飲料水は定期的に交換して新鮮なものを備蓄しましょう。非常時には外出が難しくなるケースがありますので、少なくとも**72時間分の非常食や水を確保**しておきましょう。

さらに、緊急時には医療機関へのアクセスが制限される可能性があるため、必要な**医薬品や衛生用品**、**応急処置用品**を事前にドラッグストアなどで確保しておきましょう。持病がある方は定期的に**処方箋の更新**を行なっておくことも大切です。

災害時に必要な物資を詰めた緊急用キットを準備しておきましょう。懐中電灯、ラジオ、予備のバッテリー、衣類、ブランケット、重要書類などです。

自宅避難の場合でも、**自宅にとどまれなくなった場合に備えて避難計画を立てておくこと**が重要です。避難経路や避難場所を確認し、家族や近所の人と連絡を取り合う手段も確保しておきましょう。地域の防災マップや自治体の情報を参考にして近隣の避難場所や避難所を事前に確認しておきましょう。

準備を心がけて自宅避難が可能な状態にしておくことには、多くの利点があります。

避難時に、避難所や施設への移動や滞在には費用がかかる場合がありますが、自宅避難ではそれらの費用を節約できます。また、家庭に備蓄や必要な物資があれば、避難先で必要な物品を探す必要もありません。

自宅での待機は、自分の日常生活の環境や設備を利用できるため、**避難所よりはるかに快適**です。自宅のベッドや家具、生活用品が使えることでストレスを軽減することができます。さらに、自宅であれば、避難所のようにほかの人々との共同生活や共有スペースの利用を回避することができ、**個人のプライバシーを守る**ことができます。

災害の規模は起こってみなくてはわかりませんが、できるだけ自宅避難ができる準備を普段から心がけておくことは、「生活防災」の重要なポイントの1つです。

【コラム】被災時の防犯について

●東日本大震災以降、各地で起きていた被災地でのさまざまな犯罪

あまり報道されていませんが、東日本大震災発生後には犯罪が頻発しました。住民が避難した**留守宅への空き巣**や休業中の商店・**金融機関への店舗荒らし**、**自販機荒らし**、海外への転売を目的とした**被災車両の盗難**などが発生しています。

家屋や店舗が倒壊し侵入しやすいこと、室内にモノが散乱しているので空き巣が物色したことがわからず、警察への通報が遅れることが空き巣犯などの狙いなのです。

宮城県警の発表では、２０１１年３月の地震発生後から７月までの間にＡＴＭ窃盗被害総額は約１億８０００万円、福島第一原発事故の警戒区域内にあるコン

ビニ27店のうち25店がATM破りの被害に遭ったそうです。また、私物の管理がしづらい避難所でも盗難が相次ぎました。

災害が起きると周辺地域から**窃盗団**がやってきます。被災地での警察や消防などの公的機関は行方不明者の捜索・救助活動、交通規制などを最優先しますので、地域のセキュリティが下がるのを見越しての蛮行です。津波で漁業監視船が被災し監視が手薄になったことで、アワビなどを**密漁**した事件も報告されています。

また被災者のストレスが高じ、避難所ではささいなことから**暴力事件**に発展することもよくありました。その中には**家庭内暴力（DV）**も含まれています。

そして避難所内での**性暴力被害**も多発しました。「避難所で夜になると男性が布団の中に無断で入ってくる」「支援物資を融通すると言って関係を強要された」など、被災して衝撃を受けているうえにさらなる恐怖が襲うのです。東日本大震災の折に無料電話相談「よりそいホットライン」に寄せられた被災者からの相談、約36万件のうち、半数以上が性暴力被害に関する相談だったそうです。

ほかにも、**義援金詐欺**や**屋根の修理、電気設備点検、放射能の除染**などにかこつけて法外な費用を請求する事案なども発生しています。

被災してしまったとき、および事前の防犯対策には以下のようなものがあります。

①自治体や警察などの「防災・防犯メール」「安心メール」やアプリを登録する

犯罪情報、不審者情報などを事前に入手します。

②自宅の戸締まりをしっかりしておく

生命の危機のときは自宅を飛び出してかまいませんが、安全が確認できたら自宅に戻って戸締まりを確認しておきましょう。カーテンや雨戸も閉めておきます。もし窓が割れたりしていたら、板を打ちつけるなどしてふさいでおきましょう。

③貴重品は24時間身につけておく

避難所などでは、貴重品はウエストポーチや小型のショルダーバッグに入れて、肌身から離さないようにしておきましょう。避難生活中に必要のない貴金属や証券類は実家や貸金庫などに預かってもらうのも1つの方法です。

④複数人で行動する

避難所では昼夜にかかわらず、絶対1人にならないように複数人で行動するようにしましょう。暗い場所、死角になる場所では用心してください。特にお子さんには注意が必要です。

⑤防犯ブザーや笛を携帯する

身の危機に瀕したとき、怖さのあまり大声を上げて助けを呼ぶことができない場合があります。そのようなときに備えて防犯ブザーや笛を持ち歩きましょう。防犯ブザーは100円ショップなどでも購入できます。最低でも80デシベル以上の音量が出るタイプを選んでください。笛は危険な状態に置かれたときの弱い息でも十分な音が出せる防犯用ホイッスルがお勧めです。

⑥知らない人は身元確認をする

災害復旧をする業者やボランティアだと騙《かた》って、犯罪行為に及ぶ悪質な人間もいます。知らない人が訪ねてきたら必ず身分証明書を提示してもらい、もし怪しかったらその人が所属すると称する組織に電話をかけてみましょう。

⑦防犯ステッカーを貼っておく

セコムなどのホームセキュリティを導入すると、警備会社から企業ロゴの入った防犯ステッカーをもらえます。空き巣はこれが貼ってある家は侵入しづらいとして敬遠する傾向があります。実は高額なホームセキュリティを契約しなくても、類似の防犯ステッカーは安価で購入できるので、空き巣への威嚇になります。

おわりに

2023年春。世界は感染症の危機をやっと乗り越えることができたようで、日本国内の街角にも多くの外国人観光客が訪れて賑わうようになりました。今後もこんな幸せな日常風景がずっと続いてくれるように願います。

しかしそんな平和な毎日を、これから発生するであろう大災害がいつか断ち切ってしまうことになるという事実は、残念ながら否定できません。ただ多くの人はそれをうすうすわかってはいるのですが、普段はすっかり忘れて忙しい日常を過ごしています。かつての被災地に住む人も例外ではありません。私はそれでいいと思います。極端な話、一般の人は「防災」などという、いわば面倒な、嫌なことを考えながら日々の生活を送ることはできません。心の健康や心の正常を保つうえでマイナスになるからです。

ただし、いざ災害が発生したときに「そんなことは起きない」「自分だけは助かるから」と自分に都合の悪いことを認めない、動かない「正常性バイアス」に陥ると、真っ先に被災者になってしまう危険性があることだけは覚えておいてほしいと思います。

大規模災害の発生は避けられませんが、起きたときに被害を最小限にすることは十分に可能です。そこで私が考えた提案の1つが「生活防災」という考え方です。

いつ来るかどうかもわからない「災難」に対して人々がコストも時間もかけていられないのは当然です。ならば災害の発生時だけではなく、さまざまな原因によって起きるインフラ（水や電気や流通）の停止に対して備蓄や準備などを行なっておけば、家族が非常時にも困ることはありません。ほかにも日常的に「生活」を「防衛」する手段として、自分の住んでいる地域のリスクを知っておくことや、情報ツールに通じ、近隣とのコミュニティを確保しておくことなどは、毎日の生活を送るうえでも必ず役に立ちます。

本書を読んでいるようなリテラシーの高い（意識の高い）人は特別な方々ですが、災害に対して関心を持ち続けることのできる人は人口の1％にも満たないのです。ならば覚えていれば日々の生活の役に立つ、得をする、人助けもできる危機管理技術「生活防災」の知識を、本書を読んだ方々が家族や周囲の友人・知人、近所の人に1つでも多く伝えていただけるようにお願いしたいと思います。本当の「危機」を目の前にしたとき、この「生活防災」がきっと役に立つはず、と信じて本書を世に送り出したいと思います。

今日から始める 生活防災
大災害から家族と住まいを守る最新の危機管理術

著者 和田隆昌

2023年9月5日 初版発行

和田隆昌（わだ・たかまさ）
災害危機管理アドバイザー、NPO法人防災・防犯ネットワーク防災担当理事。感染症で生死をさまよった経験から「防災士」資格を取り、災害や危機管理問題に積極的に取り組んでいる。専門誌編集長を歴任。長年のアウトドア活動から、サバイバル術も得意。主な著書に『大地震 死ぬ場所・生きる場所』（ゴマブックス）、『まさか我が家が⁉ 命と財産を守るサバイバル・マニュアル21』（潮出版社）、『最新版 中高年のための「読む防災」』（ワニブックス【PLUS】新書）などがあり、講演会ほかTVなどマスコミ出演多数。

発行者 佐藤俊彦
発行所 株式会社ワニ・プラス
〒150-8482
東京都渋谷区恵比寿4-4-9 えびす大黒ビル7F
発売元 株式会社ワニブックス
〒150-8482
東京都渋谷区恵比寿4-4-9 えびす大黒ビル
装丁 橘田浩志（アティック）
柏原宗績
編集協力 鍵山 稔
DTP 小田光美（オフィスメイプル）
印刷・製本所 大日本印刷株式会社

ISBN 978-4-8470-6211-7
ワニブックスHP https://www.wani.co.jp